JN062945

令 和 元 年

司 法 統 計 年 報

4　少　年　編

ANNUAL REPORT OF JUDICIAL STATISTICS

FOR

２０１９

VOLUME　4　JUVENILE　CASES

最 高 裁 判 所 事 務 総 局

GENERAL　SECRETARIAT,　SUPREME　COURT

序

令和元年司法統計年報少年編を刊行する。

司法統計年報は，民事・行政編，刑事編，家事編及び少年編の４編によって構成されている。

本編は，令和元年中に全国の裁判所が取り扱った少年に関する全事件についての裁判統計報告を，各種分類項目に従って集計整理し，収録したものである。

令和２年８月

最高裁判所事務総局情報政策課

目　　　　次

Ⅱ 細 別 表

概 要

1 本書の構成

Ⅰ 総 覧 表

本表には，当年の報告結果を事件別，受理，既済及び未済の別に裁判所ごとに一覧できるよう総人員を掲げるとともに，各事件の諸表を収録した。なお，表の一部に既済事件の集計結果による数値を含んでいる部分があるが，その数値は，少年保護事件については，Ⅱ細別表（2）のアからエまでに掲げる既済事件を除いたものである。

Ⅱ 細 別 表

（1） 本表には，既済事件の集計結果を，主として事件の種類ごとに手続，実体両面にわたる内容について掲げた。

（2） 本表にいう一般保護事件は，次のアからエに掲げる事件を除き，一般保護事件で既済になったものである。

ア 簡易送致事件

イ （無免許）過失運転致死傷事件，（無免許）過失運転致死傷アルコール等影響発覚免脱事件，車両運転による（業務上・重）過失致死傷事件及び（無免許）危険運転致死傷事件

ウ 移送・回付で終局した事件

エ 併合審理され，既済事件として集計しないもの（従たる事件）

2 本書利用上の注意

（1） 年次について断りのない表は，全て令和元年に関するものである。

（2） 各表の数値は，次の資料による。

昭和24，25年は各年「民事・刑事・家庭事件一覧表」

昭和30，35，40，45，50，55，60，平成2，7，12，17～30年は各年「司法統計年報４少年編」

（3） 統計表の数値は，全て人員である。

（4） 本表中，少年保護事件とは，一般保護事件と道路交通保護事件である。道路交通保護事件とは，道路交通法違反保護事件及び自動車の保管場所の確保等に関する法律違反保護事件である。

（5） 各表の数値は，令和２年６月末日現在でそれまでに報告があった数値を基準に司法統計年報として取りまとめたものである。

（6） 各表の数値は，司法統計年報の刊行後，異同訂正が生じることがある。

（7） 累年表のうち，その年の新受人員に前年の未済人員を加えたものからその年の既済人員を差し引いたものが，その年の未済人員と符合しない箇所があるのは，前年の司法統計年報の刊行後に数値の異同があったためである。

(8) 本書に使用した略語・符号

ア　法

少年法

イ　既済人員

全人員（延べ人員）で全事件数と同数

ウ　終局総人員

既済人員から次のものを除いた集計表である。

- 簡易送致事件
- （無免許）過失運転致死傷事件，（無免許）過失運転致死傷アルコール等影響発覚免脱事件，車両運転による（業務上・重）過失致死傷事件及び（無免許）危険運転致死傷事件
- 移送・回付事件
- 併合審理され，既済事件として集計しないもの（従たる事件）

エ　終局人員

終局総人員から次のものを除いた集計表である。

- 検察官送致（年齢超過によるもの）
- 不処分，審判不開始（非行なし，所在不明等及びその他の事由によるもの）

オ　－

該当数値のない（0人）場合

カ　…

不詳，表示省略又は調査対象外の場合

統　計　表

第１表　少年事件の種類別新受，

年次	総数			少年保護事件							
				総数			一般保護事件			道路交通保護	
	新受	既済	未済	新受	既済	未済	新受	既済	未済	新受	既済
昭和 24 年 3)	106 870	94 870	16 085	106 636	94 712	16 009	…	…	…	…	…
25	99 233	100 740	19 094	98 813	100 375	18 963	…	…	…	…	…
30 4)	341 607	340 748	40 421	331 354	330 835	39 365	…	131 512	…	…	199 329
35	792 255	761 401	150 241	782 676	751 692	149 964	194 712	196 201	47 838	587 964	555 491
40	1 086 878	1 065 488	165 657	1 078 017	1 056 694	165 296	244 645	241 160	61 127	833 372	815 534
45	790 880	802 322	105 179	785 926	797 418	104 956	238 100	233 804	56 871	547 826	563 614
50	440 914	436 960	98 333	437 981	434 026	98 172	197 194	196 548	51 374	240 787	237 478
55	587 784	574 932	120 369	584 630	571 778	120 208	272 046	265 738	62 471	312 584	306 040
60	686 512	686 967	122 370	682 975	683 453	122 209	290 401	291 789	60 939	392 574	391 664
平成 2	483 442	494 136	87 671	480 906	491 588	87 572	262 198	268 087	53 841	218 708	223 501
7	295 556	298 854	49 388	293 703	297 007	49 288	186 823	188 409	33 788	106 880	108 598
12	286 470	288 056	48 665	283 389	284 998	48 546	198 746	197 223	36 049	84 643	87 775
17	236 531	237 905	31 766	233 356	234 759	31 514	182 778	184 370	24 786	50 578	50 389
18	214 801	217 796	28 771	211 799	214 737	28 576	167 053	169 179	22 660	44 746	45 558
19	197 639	200 591	25 819	194 650	197 574	25 652	154 687	156 860	20 487	39 963	40 714
20	175 734	175 678	25 875	172 995	172 937	25 710	139 303	138 915	20 875	33 692	34 022
21	173 946	172 217	27 604	172 050	170 251	27 509	138 105	136 594	22 386	33 945	33 657
22	165 058	167 619	25 043	163 023	165 596	24 936	131 900	133 725	20 561	31 123	31 871
23	153 128	153 293	24 878	150 844	150 985	24 795	122 879	122 985	20 455	27 965	28 000
24	134 185	139 302	19 761	132 142	137 301	19 636	106 598	110 823	16 230	25 544	26 478
25	123 088	123 543	19 306	121 284	121 696	19 224	97 355	97 737	15 848	23 929	23 959
26	109 024	111 978	16 352	107 479	110 435	16 268	85 840	88 438	13 250	21 639	21 997
27	94 889	97 826	13 415	93 395	96 329	13 334	72 701	75 294	10 657	20 694	21 035
28	83 323	85 230	11 508	81 998	83 908	11 424	62 888	64 280	9 265	19 110	19 628
29	74 756	75 825	10 439	73 353	74 441	10 336	56 386	57 325	8 326	16 967	17 116
30	66 219	66 992	9 666	64 869	65 636	9 569	49 599	50 238	7 687	15 270	15 398
令和 元 年	**57 718**	**58 272**	**9 112**	**56 408**	**56 959**	**9 018**	**43 066**	**43 474**	**7 279**	**13 342**	**13 485**

1）　準少年保護事件及び少年審判等共助事件については，少年審判規則を一部改正する規則（昭和 27 年最高裁判所規則第４号）が，昭和 27 年実施されたのに伴い計上した。
2）　昭和 24，25 年の少年審判雑，成人刑事雑の各事件については，資料が無く，不明である。
3）　昭和 24 年の少年保護事件においては，試験観察に付された場合は，保護事件を既済として扱ったため，同年末現在試験観察中の保護事件（4516 人）は，同年未済人員には含まれていない。
4）　昭和 30 年の一般保護事件及び道路交通保護事件の既済人員は，それぞれ既済事件の集計結果によったもので，その合計は総数欄既済人員と符合しない。

既済，未済人員—全家庭裁判所

事件	準少年保護事件 1)			成人刑事事件（第一審・再審）			少年審判等共助事件 1)			少年審判雑事件 2)			成人刑事雑事件 2)			
未済	新受	既済	未済	新受	既済	未済	新受	既済	未済	新受	既済	未済	新受	既済	未済	
…	…	…	…	234	158	76	…	…	…	…	…	…	…	…	…	24
…	…	…	…	420	365	131	…	…	…	…	…	…	…	…	…	
…	1 724	1 731	138	1 877	1 492	846	4 031	4 067	68	2 592	2 592	4	29	31	-	
102 126	745	765	68	240	310	112	4 862	4 901	96	3 730	3 731	1	2	2	-	
104 169	430	429	34	847	782	254	3 909	3 905	69	3 477	3 478	1	198	200	3	
48 085	501	484	54	335	330	101	2 271	2 242	63	1 753	1 754	4	94	94	1	45
46 798	219	226	14	321	311	119	939	941	28	1 334	1 335	-	120	121	-	
57 737	168	163	20	531	532	128	379	379	10	1 852	1 852	-	224	228	3	
61 270	151	152	22	498	480	130	225	222	4	2 368	2 369	-	295	291	5	
33 731	281	291	18	344	348	73	46	50	-	1 641	1 638	4	224	221	4	
15 500	367	382	24	263	245	68	18	17	1	1 064	1 061	5	141	142	2	7
12 497	630	611	63	248	245	52	6	6	-	2 031	2 031	3	166	165	1	
6 728	656	670	84	521	470	165	6	5	1	1 733	1 743	1	259	258	1	
5 916	755	745	94	477	541	101	-	1	-	1 462	1 463	-	308	309	-	
5 165	666	688	72	430	441	90	2	2	-	1 620	1 617	3	271	269	2	
4 835	663	649	86	362	385	67	6	6	-	1 480	1 476	7	228	225	5	20
5 123	701	695	92	-	67	-	11	11	-	1 156	1 160	3	28	33	-	
4 375	750	738	104	-	-	-	2	2	-	1 283	1 283	3	-	-	-	
4 340	684	710	78	-	-	-	3	3	-	1 597	1 595	5	-	-	-	
3 406	682	640	120	-	-	-	1	1	-	1 360	1 360	5	-	-	-	
3 376	630	671	79	-	-	-	4	4	-	1 170	1 172	3	-	-	-	25
3 018	642	638	83	-	-	-	1	1	-	902	904	1	-	-	-	
2 677	598	604	77	-	-	-	8	7	1	888	886	3	-	-	-	
2 159	605	600	82	-	-	-	5	6	-	715	716	2	-	-	-	
2 010	666	646	102	-	-	-	4	4	-	733	734	1	-	-	-	
1 882	585	593	94	-	-	-	3	1	2	762	762	1	-	-	-	30
1 739	**567**	**570**	**91**	**-**	**-**	**-**	**8**	**8**	**2**	**735**	**735**	**1**	**-**	**-**	**-**	

第２表　少年事件の種類別新受，

家庭裁判所	総数			少年保護事件								
				総数			一般保護事件			道路交通保護事件		
	新受	既済	未済	新受	既済	未済	新受	既済	未済	新受	既済	未済
全国総数	**57 718**	**58 272**	**9 112**	**56 408**	**56 959**	**9 018**	**43 066**	**43 474**	**7 279**	**13 342**	**13 485**	**1 739**
東京高裁管内総数	**21 765**	**21 863**	**3 521**	**20 929**	**21 027**	**3 480**	**16 950**	**16 990**	**3 001**	**3 979**	**4 037**	**479**
東京	4 952	4 877	894	4 887	4 810	884	4 168	4 097	801	719	713	83
横浜	4 258	4 393	672	3 644	3 770	664	2 944	3 057	579	700	713	85
さいたま	3 070	3 035	518	3 033	3 000	515	2 556	2 506	456	477	494	59
千葉	2 484	2 506	365	2 448	2 469	362	1 937	1 940	310	511	529	52
水戸	1 063	1 052	174	1 050	1 044	168	799	807	120	251	237	48
宇都宮	695	722	111	680	708	109	518	537	88	162	171	21
前橋	1 335	1 339	174	1 323	1 328	171	1 093	1 094	142	230	234	29
静岡	2 297	2 319	256	2 278	2 305	250	1 584	1 602	203	694	703	47
甲府	419	402	102	417	400	102	317	295	86	100	105	16
長野	596	597	141	593	594	141	525	527	119	68	67	22
新潟	596	621	114	576	599	114	509	528	97	67	71	17
大阪高裁管内総数	**13 538**	**13 619**	**1 992**	**13 336**	**13 425**	**1 960**	**8 773**	**8 852**	**1 346**	**4 563**	**4 573**	**614**
大阪	6 628	6 774	920	6 521	6 670	903	4 407	4 455	643	2 114	2 215	260
京都	1 284	1 282	192	1 249	1 250	187	834	841	135	415	409	52
神戸	3 827	3 736	565	3 788	3 696	558	2 163	2 147	348	1 625	1 549	210
奈良	644	674	69	639	669	69	519	538	50	120	131	19
大津	626	656	113	623	654	112	508	532	87	115	122	25
和歌山	529	497	133	516	486	131	342	339	83	174	147	48
名古屋高裁管内総数	**6 332**	**6 466**	**854**	**6 257**	**6 385**	**849**	**4 913**	**5 020**	**707**	**1 344**	**1 365**	**142**
名古屋	3 924	4 001	468	3 881	3 956	463	3 020	3 097	382	861	859	81
津	723	725	107	710	711	107	507	501	88	203	210	19
岐阜	701	730	100	692	720	100	580	594	91	112	126	9
福井	241	249	42	239	247	42	179	188	29	60	59	13
金沢	349	338	76	344	331	76	287	275	66	57	56	10
富山	394	423	61	391	420	61	340	365	51	51	55	10
広島高裁管内総数	**3 314**	**3 387**	**603**	**3 266**	**3 343**	**594**	**2 565**	**2 614**	**505**	**701**	**729**	**89**
広島	1 331	1 384	221	1 312	1 366	218	1 031	1 084	179	281	282	39
山口	647	632	113	638	623	111	503	489	96	135	134	15
岡山	972	982	202	956	966	201	760	752	176	196	214	25
鳥取	179	192	35	178	191	35	135	145	30	43	46	5
松江	185	197	32	182	197	29	136	144	24	46	53	5
福岡高裁管内総数	**7 462**	**7 506**	**1 186**	**7 373**	**7 417**	**1 182**	**5 736**	**5 799**	**910**	**1 637**	**1 618**	**272**
福岡	3 494	3 374	586	3 451	3 334	583	2 700	2 617	444	751	717	139
佐賀	462	465	73	453	456	73	384	391	58	69	65	15
長崎	416	418	63	413	413	63	316	313	51	97	100	12
大分	390	402	68	385	397	68	290	312	48	95	85	20
熊本	588	618	92	578	608	91	457	488	76	121	120	15
鹿児島	493	476	92	488	470	92	420	397	81	68	73	11
宮崎	538	544	71	532	538	71	425	423	58	107	115	13
那覇	1 081	1 209	141	1 073	1 201	141	744	858	94	329	343	47
仙台高裁管内総数	**2 090**	**2 128**	**420**	**2 065**	**2 103**	**419**	**1 730**	**1 750**	**372**	**335**	**353**	**47**
仙台	657	641	149	649	633	148	511	496	126	138	137	22
福島	486	523	82	478	515	82	396	418	70	82	97	12
山形	348	349	53	343	344	53	305	304	49	38	40	4
盛岡	203	212	33	203	212	33	177	186	31	26	26	2
秋田	142	150	38	142	150	38	127	135	35	15	15	3
青森	254	253	65	250	249	65	214	211	61	36	38	4
札幌高裁管内総数	**1 581**	**1 652**	**253**	**1 564**	**1 631**	**252**	**1 148**	**1 194**	**207**	**416**	**437**	**45**
札幌	1 070	1 127	138	1 059	1 115	137	795	829	115	264	286	22
函館	166	174	32	164	172	32	105	111	24	59	61	8
旭川	171	175	39	170	172	39	132	133	35	38	39	4
釧路	174	176	44	171	172	44	116	121	33	55	51	11
高松高裁管内総数	**1 636**	**1 651**	**283**	**1 618**	**1 628**	**282**	**1 251**	**1 255**	**231**	**367**	**373**	**51**
高松	604	606	91	600	598	91	481	463	80	119	135	11
徳島	314	287	68	311	284	68	242	222	57	69	62	11
高知	251	259	37	249	256	37	188	196	25	61	60	12
松山	467	499	87	458	490	86	340	374	69	118	116	17

既済，未済人員―家庭裁判所別

準少年保護事件			少年審判等共助事件			少年審判雑事件			
新受	既済	未済	新受	既済	未済	新受	既済	未済	
567	**570**	**91**	**8**	**8**	**2**	**735**	**735**	**1**	**全**
231	**230**	**40**	**1**	**3**	**-**	**604**	**603**	**1**	**東**
52	54	10	-	-	-	13	13	-	
67	74	8	1	3	-	546	546	-	
27	25	3	-	-	-	10	10	-	
20	22	2	-	-	-	16	15	1	
11	6	6	-	-	-	2	2	-	
15	14	2	-	-	-	-	-	-	
8	7	3	-	-	-	4	4	-	
19	14	6	-	-	-	-	-	-	
1	1	-	-	-	-	1	1	-	
3	3	-	-	-	-	-	-	-	
8	10	-	-	-	-	12	12	-	
134	**128**	**30**	**7**	**5**	**2**	**61**	**61**	**-**	**大**
82	79	17	-	-	-	25	25	-	
10	9	3	6	4	2	19	19	-	
33	34	7	1	1	-	5	5	-	
2	2	-	-	-	-	3	3	-	
3	2	1	-	-	-	-	-	-	
4	2	2	-	-	-	9	9	-	
56	**62**	**5**	**-**	**-**	**-**	**19**	**19**	**-**	**名**
34	36	5	-	-	-	9	9	-	
7	8	-	-	-	-	6	6	-	
8	9	-	-	-	-	1	1	-	
-	-	-	-	-	-	2	2	-	
4	6	-	-	-	-	1	1	-	
3	3	-	-	-	-	-	-	-	
28	**24**	**9**	**-**	**-**	**-**	**20**	**20**	**-**	**広**
11	10	3	-	-	-	8	8	-	
4	4	2	-	-	-	5	5	-	
9	9	1	-	-	-	7	7	-	
1	1	-	-	-	-	-	-	-	
3	-	3	-	-	-	-	-	-	
70	**70**	**4**	**-**	**-**	**-**	**19**	**19**	**-**	**福**
31	28	3	-	-	-	12	12	-	
5	5	-	-	-	-	4	4	-	
2	4	-	-	-	-	1	1	-	
5	5	-	-	-	-	-	-	-	
9	9	1	-	-	-	1	1	-	
5	6	-	-	-	-	-	-	-	
5	5	-	-	-	-	1	1	-	
8	8	-	-	-	-	-	-	-	
23	**23**	**1**	**-**	**-**	**-**	**2**	**2**	**-**	**仙**
6	6	1	-	-	-	2	2	-	
8	8	-	-	-	-	-	-	-	
5	5	-	-	-	-	-	-	-	
-	-	-	-	-	-	-	-	-	
-	-	-	-	-	-	-	-	-	
4	4	-	-	-	-	-	-	-	
13	**16**	**1**	**-**	**-**	**-**	**4**	**5**	**-**	**札**
8	9	1	-	-	-	3	3	-	
1	1	-	-	-	-	1	1	-	
1	3	-	-	-	-	-	-	-	
3	3	-	-	-	-	-	1	-	
12	**17**	**1**	**-**	**-**	**-**	**6**	**6**	**-**	**高**
2	6	-	-	-	-	2	2	-	
-	-	-	-	-	-	3	3	-	
1	2	-	-	-	-	1	1	-	
9	9	1	-	-	-	-	-	-	

第３表　少年保護事件の種類別受理，

事件	受理 総数	受理 旧受	新受 総数	新受 検察官から送致	新受 司法警察員から送致	新受 知事又は児童相談所長から送致 強制	新受 知事又は児童相談所長から送致 非強制	新受 家裁調査官の報告	新受 通告 一般人から	新受 通告 保護観察所長から	新受 抗告審等から移送・差戻し	新受 法55条による移送	新受 他の家庭裁判所から移送・回付	既済 総数	検察官へ送致 総数	検察官へ送致 刑事処分相当	検察官へ送致 年齢超過
総数	**65 977**	**9 569**	**56 408**	**46 981**	**3 808**	**32**	**249**	**80**	**2**	**6**	**7**	**2**	**5 241**	**56 959**	**3 314**	**1 985**	**1 329**
一般保護事件	50 753	7 687	43 066	36 600	2 109	32	249	71	2	6	7	1	3 989	43 474	1 129	242	887
うち 過失運転致死傷及び業務上（重）過失致死傷事件	12 321	1 278	11 043	10 297	2	-	-	2	-	-	1	-	741	11 178	603	133	470
うち 危険運転致死事件	7	-	7	-	-	-	-	-	-	-	-	-	-	6	3	3	-
うち 危険運転致傷事件	45	11	34	-	-	-	-	-	-	-	-	-	-	38	3	3	-
道路交通保護事件	15 224	1 882	13 342	10 381	1 699	-	-	9	-	-	-	1	1 252	13 485	2 185	1 743	442
うち 反則金不納付事件	1 992	323	1 669	741	719	-	-	5	-	-	-	-	204	1 741	222	68	154

第４表　少年保護事件の種類別審理

本表中，一般保護事件の既済の審理期間に関する

事件	既済 総数	1月以内	3月以内	6月以内	1年以内	2年以内	2年を超えるもの
総数	**56 959**	**12 029**	**12 651**	**7 383**	**987**	**24**	
一般保護事件	43 474	4 741	8 164	5 934	734	16	
道路交通保護事件	13 485	7 288	4 487	1 449	253	7	1

1）　簡易送致事件，（無免許）過失運転致死傷事件，（無免許）過失運転致死傷アルコール等影響発覚免脱事件，車両運転による（業務上・重）過失致死傷事件，（無免許）危険運転致死傷事件，移送・回付で終局した事件及び併合審理され，既済事件として集計しなかったものの人員である。

既済，未済人員―全家庭裁判所

既済															未済
保護処分							知事又は児童相談所長へ送致			不処分	審判不開始	移送・回付	従たる事件		
総数	保護観察	児童自立支援施設又は児童養護施設へ送致	少年院へ送致												
			総数	第1種	第2種	第3種	総数	強制	非強制						
13 985	**12 004**	**143**	**1 838**	**1 750**	**38**	**50**	**116**	**13**	**103**	**10 151**	**20 403**	**5 311**	**3 679**		**9 018**
9 658	7 789	143	1 726	1 640	36	50	116	13	103	9 162	16 268	4 041	3 100		7 279
1 655	1 631	-	24	24	-	-	-	-	-	4 710	3 335	758	117		1 143
-	-	-	-	-	-	-	-	-	-	-	-	3	-		1
23	19	-	4	4	-	-	-	-	-	1	3	6	2		7
4 327	4 215	-	112	110	2	-	-	-	-	989	4 135	1 270	579		1 739
4	4	-	-	-	-	-	-	-	-	9	1 286	208	12		251

期間別既済，未済人員―全家庭裁判所

数値は，既済事件の集計結果である。

	未済						
調査していないもの 1)	総数	1月以内	3月以内	6月以内	1年以内	2年以内	2年を超えるもの
23 885	**9 018**	**4 241**	**3 498**	**1 100**	**165**	**14**	**-**
23 885	7 279	3 364	2 856	915	141	3	-
…	1 739	877	642	185	24	11	-

第５表　少年保護事件の

家庭裁判所	総数	刑法 総数	窃盗	強盗	詐欺	恐喝	横領	遺失物等横領	盗品譲受け等	傷害	傷害致死	暴行	脅迫	殺人 死亡させた罪	殺人 その他	強盗致傷	強盗致死	強盗・強制性交等致死	強盗・強制性交等	強制性交等致死	強制性交等	集団強姦致死	集団強姦	わいせつ	賭博
全国総数	56 408	37 320	13 609	83	1 502	536	16	2 212	334	2 456	4	1 070	219	15	15	108	-	-	3	-	139	-	-	709	8
東京高裁管内総数	20 929	14 720	5 655	41	670	236	7	940	118	1 006	2	369	76	7	2	45	-	-	2	-	43	-	-	310	-
東京	4 887	3 597	1 504	9	241	49	-	276	32	268	1	113	21	-	1	18	-	-	1	-	10	-	-	91	-
横浜	3 644	2 508	1 034	15	87	73	3	186	26	199	-	54	8	3	-	12	-	-	-	-	13	-	-	72	-
さいたま	3 033	2 179	911	3	121	20	1	202	7	168	-	70	15	3	-	4	-	-	1	-	5	-	-	53	-
千葉	2 448	1 672	757	1	78	13	-	153	22	119	-	30	7	-	-	8	-	-	-	-	6	-	-	30	-
水戸	1 050	693	228	8	15	5	-	17	2	38	-	22	2	1	1	-	-	-	-	-	3	-	-	10	-
宇都宮	680	432	184	-	17	15	1	15	2	19	-	6	3	-	-	-	-	-	-	-	-	-	-	12	-
前橋	1 323	1 030	252	-	35	30	1	19	2	64	-	12	6	-	-	-	-	-	-	-	2	-	-	7	-
静岡	2 278	1 436	351	5	29	20	1	28	18	69	-	23	7	-	-	1	-	-	-	-	3	-	-	16	-
甲府	417	289	108	-	8	-	-	8	2	18	-	4	1	-	-	2	-	-	-	-	-	-	-	3	-
長野	593	452	162	-	20	4	-	15	3	13	-	7	2	-	-	-	-	-	-	-	-	-	-	5	-
新潟	576	432	164	-	19	7	-	21	2	31	1	28	4	-	-	-	-	-	-	-	1	-	-	11	-
大阪高裁管内総数	13 336	7 480	2 704	19	373	97	7	490	78	519	2	246	45	7	4	47	-	-	-	-	23	-	-	166	5
大阪	6 521	3 774	1 291	14	245	48	4	313	45	297	2	85	15	1	2	26	-	-	-	-	10	-	-	93	4
京都	1 249	680	264	2	34	5	-	40	8	45	-	17	4	-	1	6	-	-	-	-	3	-	-	11	-
神戸	3 788	1 854	689	1	57	20	2	97	15	99	-	92	19	-	-	7	-	-	-	-	8	-	-	44	1
奈良	639	461	193	-	21	16	-	16	6	20	-	19	3	-	1	-	-	-	-	-	-	-	-	9	-
大津	623	444	162	2	8	8	-	14	1	34	-	18	3	6	-	8	-	-	-	-	2	-	-	4	-
和歌山	516	267	105	-	8	-	1	10	3	24	-	15	1	-	-	-	-	-	-	-	-	-	-	5	-
名古屋高裁管内総数	6 257	4 234	1 564	6	187	55	-	238	39	239	-	121	24	-	1	7	-	-	-	-	19	-	-	59	2
名古屋	3 881	2 631	980	4	129	40	-	154	23	154	-	64	18	-	-	5	-	-	-	-	11	-	-	42	-
津	710	445	163	2	15	3	-	19	4	25	-	12	1	-	-	1	-	-	-	-	1	-	-	3	-
岐阜	692	511	221	-	17	-	-	27	6	25	-	21	2	-	-	1	-	-	-	-	5	-	-	7	-
福井	239	150	35	-	2	-	-	10	1	8	-	8	1	-	-	-	-	-	-	-	1	-	-	7	-
金沢	344	234	69	-	9	11	-	15	1	2	-	8	-	-	-	-	-	-	-	-	-	-	-	-	2
富山	391	263	96	-	15	1	-	13	4	25	-	8	2	-	1	-	-	-	-	-	1	-	-	-	-
広島高裁管内総数	3 266	2 203	800	2	73	50	1	126	15	150	-	93	17	-	2	1	-	-	-	-	19	-	-	35	-
広島	1 312	885	360	-	32	23	-	57	3	38	-	30	12	-	-	-	-	-	-	-	14	-	-	16	-
山口	638	440	141	-	17	22	1	16	2	26	-	22	1	-	-	-	-	-	-	-	2	-	-	7	-
岡山	956	638	211	2	19	2	-	42	6	65	-	30	1	-	1	1	-	-	-	-	3	-	-	7	-
鳥取	178	126	48	-	3	3	-	7	3	10	-	6	1	-	1	-	-	-	-	-	-	-	-	2	-
松江	182	114	40	-	2	-	-	4	1	11	-	5	2	-	-	-	-	-	-	-	-	-	-	3	-
福岡高裁管内総数	7 373	5 077	1 619	6	100	54	-	252	53	269	-	129	30	1	3	4	-	-	1	-	25	-	-	85	1
福岡	3 451	2 402	778	1	57	26	-	197	31	132	-	73	17	1	-	4	-	-	1	-	13	-	-	41	1
佐賀	453	353	71	-	11	-	-	4	5	7	-	2	-	-	-	-	-	-	-	-	5	-	-	1	-
長崎	413	271	76	2	4	1	-	8	-	20	-	14	3	-	-	-	-	-	-	-	-	-	-	4	-
大分	385	252	79	-	1	3	-	4	1	18	-	4	-	-	-	-	-	-	-	-	1	-	-	8	-
熊本	578	392	133	3	6	17	-	13	3	20	-	15	4	-	-	-	-	-	-	-	1	-	-	8	-
鹿児島	488	369	135	-	4	1	-	11	3	20	-	7	2	-	-	-	-	-	-	-	3	-	-	11	-
宮崎	532	384	86	-	3	2	-	8	-	15	-	3	2	-	-	-	-	-	-	-	-	-	-	1	-
那覇	1 073	654	261	-	14	4	-	7	10	37	-	11	2	-	3	-	-	-	-	-	2	-	-	11	-
仙台高裁管内総数	2 065	1 509	457	-	36	17	-	61	10	85	-	51	14	-	1	2	-	-	-	-	3	-	-	25	-
仙台	649	451	155	-	13	-	-	19	2	33	-	10	5	-	1	2	-	-	-	-	-	-	-	8	-
福島	478	329	87	-	11	3	-	23	4	19	-	12	2	-	-	-	-	-	-	-	1	-	-	5	-
山形	343	280	55	-	5	10	-	5	2	14	-	20	2	-	-	-	-	-	-	-	1	-	-	1	-
盛岡	203	146	50	-	4	2	-	4	2	9	-	4	2	-	-	-	-	-	-	-	-	-	-	2	-
秋田	142	109	45	-	2	-	-	3	-	6	-	3	2	-	-	-	-	-	-	-	-	-	-	2	-
青森	250	194	65	-	1	2	-	7	-	4	-	2	1	-	-	-	-	-	-	-	1	-	-	7	-
札幌高裁管内総数	1 564	1 008	438	4	36	12	-	54	15	77	-	35	8	-	-	2	-	-	-	-	3	-	-	18	-
札幌	1 059	697	309	-	33	5	-	48	12	47	-	18	5	-	-	2	-	-	-	-	2	-	-	10	-
函館	164	84	43	2	-	1	-	3	1	6	-	3	1	-	-	-	-	-	-	-	-	-	-	1	-
旭川	170	118	48	2	-	6	-	2	2	9	-	6	-	-	-	-	-	-	-	-	1	-	-	2	-
釧路	171	109	38	-	3	-	-	1	-	15	-	8	2	-	-	-	-	-	-	-	-	-	-	5	-
高松高裁管内総数	1 618	1 089	372	5	27	15	1	51	6	111	-	26	5	-	2	-	-	-	-	-	4	-	-	11	-
高松	600	418	105	4	6	5	1	11	1	51	-	14	1	-	-	-	-	-	-	-	2	-	-	4	-
徳島	311	218	78	1	4	8	-	12	-	9	-	3	2	-	1	-	-	-	-	-	1	-	-	4	-
高知	249	167	85	-	1	-	-	9	3	12	-	-	-	-	-	-	-	-	-	-	1	-	-	1	-
松山	458	286	104	-	16	2	-	19	2	39	-	9	2	-	1	-	-	-	-	-	-	-	-	2	-

1）　自動車の運転により人を死傷させる行為等の処罰に関する法律を含む。
2）　自動車の運転により人を死傷させる行為等の処罰に関する法律を除く。
3）　自動車の保管場所の確保等に関する法律を含む。
4）　感染症の予防及び感染症の患者に対する医療に関する法律を含む。
5）　大麻取締法を含む。
3）～5）につき以下の非行別表についても同様である。

非行別新受人員—家庭裁判所別

犯 1)											特別法犯 2)													ぐ犯	
住居侵入	放火	失火	過失致死傷	過失運転致死傷及び業務上（重）過失致死傷	往来妨害	器物損壊等	公務執行妨害	危険運転致死	危険運転致傷	その他	総数	道路交通法等 3)	暴力行為等処罰ニ関スル法律	道路運送車両法	銃砲刀剣類所持等取締法	軽犯罪法	売春防止法	風俗営業等の規制及び業務の適正化等に関する法律等 4)	麻薬及び向精神薬取締法等 5)	覚せい剤取締法	出入国管理及び難民認定法	毒物及び劇物取締法	その他		
841	43	2	1 054	11 043	6	610	95	7	34	547	18 780	13 342	118	138	224	1 142	17	41	726	121	34	1	2 876	308	全
310	11	1	481	3 978	3	206	32	4	9	156	6 091	3 979	47	30	85	434	11	6	289	59	26	1	1 124	118	東
66	4	-	282	505	-	48	10	1	2	44	1 255	719	14	3	24	60	5	3	111	16	12	-	288	35	
72	1	-	89	487	-	40	3	1	-	30	1 116	700	8	1	16	79	6	1	84	14	1	-	206	20	
35	1	1	36	469	-	26	4	-	1	22	835	477	7	4	11	125	-	1	23	5	3	-	179	19	
31	4	-	12	350	1	32	3	2	-	13	757	511	6	5	9	41	-	-	13	6	3	1	162	19	
24	-	-	2	292	-	11	2	-	-	10	353	251	1	-	3	19	-	-	17	5	2	-	55	4	
8	-	-	5	127	-	10	4	-	-	4	245	162	3	9	4	15	-	1	3	4	-	-	44	3	
13	-	-	13	550	-	11	1	-	-	12	289	230	2	-	1	7	-	-	4	1	4	-	40	4	
29	-	-	29	784	2	6	2	-	2	11	836	694	4	4	7	31	-	-	16	5	1	-	74	6	
4	1	-	6	118	-	4	-	-	-	2	127	100	2	-	-	13	-	-	4	1	-	-	7	1	
15	-	-	3	184	-	12	2	-	1	4	140	68	-	2	3	32	-	-	1	1	-	-	33	1	
13	-	-	4	112	-	6	1	-	3	4	138	67	-	2	7	12	-	-	13	1	-	-	36	6	
167	10	-	344	1 795	1	149	13	-	10	159	5 793	4 563	17	43	57	253	-	19	203	22	1	-	615	63	大
48	5	-	223	852	-	71	2	-	4	74	2 713	2 114	5	11	27	109	-	18	118	13	1	-	297	34	
16	2	-	34	156	-	14	2	-	1	15	561	415	-	2	4	32	-	1	17	1	-	-	89	8	
58	1	-	60	507	-	34	5	-	4	34	1 918	1 625	11	11	24	78	-	-	47	2	-	-	120	16	
30	2	-	13	84	1	9	3	-	-	15	178	120	-	10	-	5	-	-	8	-	-	-	35	-	
7	-	-	7	129	-	13	1	-	-	17	179	115	-	5	1	6	-	-	9	2	-	-	41	-	
8	-	-	7	67	-	8	-	-	1	4	244	174	1	4	1	23	-	-	4	4	-	-	33	5	
94	11	1	72	1 325	1	78	22	2	6	61	1 985	1 344	25	13	25	121	1	3	87	24	4	-	338	38	名
57	8	-	61	787	-	41	13	-	4	36	1 236	861	24	9	19	67	-	2	57	18	3	-	176	14	
5	2	-	3	154	-	12	6	-	1	13	262	203	-	2	2	5	-	-	7	2	-	-	41	3	
8	-	-	3	153	1	8	2	-	-	4	177	112	-	1	1	8	1	-	8	4	-	-	42	4	
7	-	1	1	58	-	5	1	2	1	1	82	60	1	-	1	1	-	1	2	-	-	-	16	7	
7	-	-	3	99	-	5	-	-	-	3	109	57	-	1	-	16	-	-	5	-	1	-	29	1	
10	1	-	1	74	-	7	-	-	-	4	119	51	-	-	2	24	-	-	8	-	-	-	34	9	
85	2	-	56	581	1	58	2	-	2	32	1 059	701	8	16	16	103	-	1	12	2	1	-	199	4	広
26	-	-	32	207	1	23	1	-	-	10	427	281	6	4	5	44	-	-	8	2	-	-	77	-	
29	2	-	5	138	-	8	-	-	-	1	197	135	-	-	4	30	-	-	1	-	-	-	27	1	
18	-	-	17	178	-	16	1	-	1	17	316	196	2	12	7	21	-	-	3	-	1	-	74	2	
7	-	-	1	30	-	4	-	-	-	-	51	43	-	-	-	4	-	-	-	-	-	-	4	1	
5	-	-	1	28	-	7	-	-	1	4	68	46	-	-	-	4	-	1	-	-	-	-	17	-	
102	5	-	37	2 153	-	62	10	-	6	70	2 255	1 637	16	20	20	160	-	11	84	11	2	-	294	41	福
58	3	-	5	890	-	27	5	-	2	39	1 034	751	12	5	6	107	-	5	37	4	1	-	106	15	
6	-	-	7	227	-	-	-	-	1	6	98	69	-	2	2	4	-	-	3	-	-	-	18	2	
-	1	-	-	129	-	2	-	-	-	7	138	97	-	3	3	10	-	-	2	-	-	-	23	4	
8	-	-	2	119	-	2	-	-	-	2	130	95	-	4	-	5	-	-	5	1	-	-	20	3	
9	1	-	9	132	-	9	2	-	1	6	183	121	2	-	1	8	-	1	2	3	1	-	44	3	
8	-	-	7	153	-	2	-	-	-	2	115	68	2	2	3	10	-	-	3	1	-	-	26	4	
4	-	-	3	256	-	-	1	-	-	-	144	107	-	-	-	12	-	1	4	-	-	-	20	4	
9	-	-	4	247	-	20	2	-	2	8	413	329	-	4	5	4	-	4	28	2	-	-	37	6	
37	2	-	31	636	-	24	3	1	-	13	533	335	2	6	9	26	-	-	12	1	-	-	142	23	仙
6	-	-	14	170	-	9	1	-	-	3	189	138	1	-	3	6	-	-	5	1	-	-	35	9	
3	-	-	4	144	-	5	1	-	-	5	145	82	1	2	4	4	-	-	2	-	-	-	50	4	
10	-	-	11	141	-	2	-	-	-	1	62	38	-	1	1	8	-	-	-	-	-	-	14	1	
10	-	-	-	56	-	-	-	-	-	1	55	26	-	2	-	3	-	-	4	-	-	-	20	2	
3	1	-	2	33	-	6	1	-	-	-	28	15	-	-	1	2	-	-	-	-	-	-	10	5	
5	1	-	-	92	-	2	-	1	-	3	54	36	-	1	-	3	-	-	1	-	-	-	13	2	
17	1	-	9	211	-	23	8	-	1	36	537	416	1	1	4	13	5	-	25	-	-	-	72	19	札
14	-	-	8	138	-	16	1	-	1	28	350	264	-	1	3	9	4	-	12	-	-	-	57	12	
1	-	-	-	21	-	-	-	-	-	1	76	59	-	-	-	3	-	-	10	-	-	-	4	4	
1	-	-	1	29	-	1	7	-	-	1	50	38	1	-	1	1	1	-	3	-	-	-	5	2	
1	1	-	-	23	-	6	-	-	-	6	61	55	-	-	-	-	-	-	-	-	-	-	6	1	
29	1	-	24	364	-	10	5	-	-	20	527	367	2	9	8	32	-	1	14	2	-	-	92	2	高
15	1	-	10	172	-	4	2	-	-	9	181	119	1	5	2	10	-	-	5	-	-	-	39	1	
2	-	-	1	90	-	-	-	-	-	2	92	69	1	2	-	-	-	-	-	-	-	-	20	1	
7	-	-	7	38	-	3	-	-	-	-	82	61	-	-	4	4	-	-	7	1	-	-	5	-	
5	-	-	6	64	-	3	3	-	-	9	172	118	-	2	2	18	-	1	2	1	-	-	28	-	

第６表　少年保護事件の終局決定別既済人員

年次	終局 総数	検察官へ送致 総数	検察官へ送致 刑事処分相当	検察官へ送致 年齢超過	保護 総数	保護 保護観察	保護 児童自立支援施設又は児童養護施設へ送致	保護 少年院 総数	保護 少年院 初等	保護 少年院 中等
平成 22										
総数	**165 596**	**6 062**	**3 893**	**2 169**	**29 515**	**25 602**	**299**	**3 614**	**660**	**2 822**
一般	133 725	1 704	512	1 192	19 564	15 945	296	3 323	643	2 550
道路交通	31 871	4 358	3 381	977	9 951	9 657	3	291	17	272
23										
総数	**150 985**	**5 480**	**3 473**	**2 007**	**27 459**	**23 654**	**281**	**3 524**	**699**	**2 684**
一般	122 985	1 701	511	1 190	19 048	15 504	278	3 266	689	2 442
道路交通	28 000	3 779	2 962	817	8 411	8 150	3	258	10	242
24										
総数	**137 301**	**5 391**	**3 418**	**1 973**	**26 412**	**22 614**	**270**	**3 528**	**645**	**2 744**
一般	110 823	1 675	479	1 196	18 487	14 934	268	3 285	632	2 519
道路交通	26 478	3 716	2 939	777	7 925	7 680	2	243	13	225
25										
総数	**121 696**	**4 916**	**3 071**	**1 845**	**24 394**	**20 945**	**236**	**3 213**	**576**	**2 521**
一般	97 737	1 588	397	1 191	17 167	13 946	234	2 987	561	2 313
道路交通	23 959	3 328	2 674	654	7 227	6 999	2	226	15	208
26										
総数	**110 435**	**4 651**	**2 758**	**1 893**	**22 888**	**19 750**	**225**	**2 913**	**430**	**2 380**
一般	88 438	1 579	368	1 211	16 057	13 121	225	2 711	416	2 193
道路交通	21 997	3 072	2 390	682	6 831	6 629	-	202	14	187
27										
総数	**96 329**	**4 556**	**2 848**	**1 708**	**21 282**	**18 319**	**186**	**2 777**	**147**	**781**
一般	75 294	1 423	353	1 070	14 569	11 793	185	2 591	145	726
道路交通	21 035	3 133	2 495	638	6 713	6 526	1	186	2	55
28										
総数	**83 908**	**4 505**	**2 810**	**1 695**	**19 186**	**16 400**	**180**	**2 606**	…	…
一般	64 280	1 338	311	1 027	12 775	10 189	178	2 408	…	…
道路交通	19 628	3 167	2 499	668	6 411	6 211	2	198	…	…
29										
総数	**74 441**	**3 999**	**2 527**	**1 472**	**16 862**	**14 508**	**166**	**2 188**	…	…
一般	57 325	1 242	296	946	11 431	9 223	166	2 042	…	…
道路交通	17 116	2 757	2 231	526	5 431	5 285	-	146	…	…
30										
総数	**65 636**	**3 584**	**2 193**	**1 391**	**15 369**	**13 057**	**155**	**2 157**	…	…
一般	50 238	1 206	283	923	10 659	8 477	154	2 028	…	…
道路交通	15 398	2 378	1 910	468	4 710	4 580	1	129	…	…
令和　元 年										
総数	**56 959**	**3 314**	**1 985**	**1 329**	**13 985**	**12 004**	**143**	**1 838**	…	…
一般	43 474	1 129	242	887	9 658	7 789	143	1 726	…	…
道路交通	13 485	2 185	1 743	442	4 327	4 215	-	112	…	…

1）　「少年院へ送致」のうち「初等」,「中等」,「特別」及び「医療」は平成２７年５月までの人員であり,「第１種」,「第２種」及び「第３種」は平成２７年６月以降の人員である。

（平成22年～令和元年）—全家庭裁判所

決定												
処分					知事又は児童相談所長へ送致			不処分	審判不開始	移送・回付	従たる事件	
へ送致1)												
特別	医療	第1種	第2種	第3種	総数	強制	非強制					
61	**71**	…	…	…	**245**	**24**	**221**	**25 723**	**83 440**	**7 979**	**12 632**	22
60	70	…	…	…	242	24	218	21 051	74 811	5 854	10 499	
1	1	…	…	…	3	-	3	4 672	8 629	2 125	2 133	
64	**77**	…	…	…	**214**	**33**	**181**	**23 982**	**74 118**	**8 049**	**11 683**	
61	74	…	…	…	210	33	177	20 076	65 948	6 010	9 992	
3	3	…	…	…	4	-	4	3 906	8 170	2 039	1 691	
59	**80**	…	…	…	**181**	**21**	**160**	**23 001**	**64 320**	**7 210**	**10 786**	24
57	77	…	…	…	180	21	159	19 640	56 360	5 332	9 149	
2	3	…	…	…	1	-	1	3 361	7 960	1 878	1 637	
44	**72**	…	…	…	**188**	**18**	**170**	**21 377**	**54 361**	**7 286**	**9 174**	
42	71	…	…	…	187	18	169	18 319	47 043	5 594	7 839	
2	1	…	…	…	1	-	1	3 058	7 318	1 692	1 335	
47	**56**	…	…	…	**163**	**30**	**133**	**18 990**	**48 189**	**6 911**	**8 643**	26
46	56	…	…	…	161	30	131	16 725	41 318	5 253	7 345	
1	-	…	…	…	2	-	2	2 265	6 871	1 658	1 298	
15	**27**	**1 725**	**36**	**46**	**168**	**22**	**146**	**16 894**	**39 541**	**6 785**	**7 103**	
14	27	1 601	35	43	167	22	145	14 759	33 486	4 983	5 907	
1	-	124	1	3	1	-	1	2 135	6 055	1 802	1 196	
…	…	**2 495**	**59**	**52**	**149**	**25**	**124**	**15 220**	**32 599**	**6 358**	**5 891**	28
…	…	2 301	55	52	149	25	124	13 459	26 978	4 688	4 893	
…	…	194	4	-	-	-	-	1 761	5 621	1 670	998	
…	…	**2 097**	**52**	**39**	**159**	**19**	**140**	**13 451**	**28 584**	**6 218**	**5 168**	
…	…	1 954	50	38	157	19	138	12 142	23 471	4 589	4 293	
…	…	143	2	1	2	-	2	1 309	5 113	1 629	875	
…	…	**2 076**	**39**	**42**	**139**	**22**	**117**	**11 855**	**23 849**	**6 013**	**4 827**	30
…	…	1 950	38	40	139	22	117	10 737	19 015	4 462	4 020	
…	…	126	1	2	-	-	-	1 118	4 834	1 551	807	
…	…	**1 750**	**38**	**50**	**116**	**13**	**103**	**10 151**	**20 403**	**5 311**	**3 679**	元
…	…	1 640	36	50	116	13	103	9 162	16 268	4 041	3 100	
…	…	110	2	-	-	-	-	989	4 135	1 270	579	

第７表　少年保護事件の非行別性別既済人員

本表中，過失運転致死傷・業務上（重）過失致死傷，危険運転致死傷

年次	男女別	総数 1)	刑法 総数 2)	窃盗	強盗	詐欺	恐喝	横領	遺失物等横領	盗品譲受け等	傷害	傷害致死	暴行	脅迫	殺人 死亡させた罪	殺人 その他	強盗致傷	強盗致死	強盗・強制性交等致死	強盗・強制性交等	強制性交等致死	強制性交等	集団強姦致死	集団強姦	わいせつ
平成 27 年	総数	32 740	28 159	15 788	111	695	625	10	1 971	473	3 419	13	968	158	13	20	156	1	-	-	-	43	-	12	542
	男	28 867	24 871	13 723	107	637	567	10	1 762	426	3 073	13	866	151	10	18	147	-	-	-	-	43	-	11	520
	女	3 873	3 288	2 065	4	58	58	-	209	47	346	-	102	7	3	2	9	1	-	-	-	-	-	1	22
28	総数	27 763	23 258	12 933	109	626	444	9	1 539	429	2 681	15	857	144	14	17	120	-	-	-	-	61	-	38	594
	男	24 688	20 754	11 362	104	568	405	6	1 398	389	2 474	13	782	130	10	15	119	-	-	-	-	61	-	37	570
	女	3 075	2 504	1 571	5	58	39	3	141	40	207	2	75	14	4	2	1	-	-	-	-	-	-	1	24
29	総数	24 603	20 361	11 292	74	694	409	16	1 228	362	2 267	6	783	125	8	16	74	1	-	-	-	57	-	10	622
	男	21 640	17 928	9 712	71	603	353	13	1 114	319	2 086	6	720	119	6	14	74	1	-	-	-	57	-	10	581
	女	2 963	2 433	1 580	3	91	56	3	114	43	181	-	63	6	2	2	-	-	-	-	-	-	-	-	41
30	総数	21 625	17 724	9 406	85	910	363	11	1 011	263	2 095	4	757	124	6	17	79	6	-	-	-	107	-	2	636
	男	19 010	15 605	8 063	79	821	322	8	916	241	1 931	4	680	115	4	13	76	5	-	-	-	107	-	2	586
	女	2 615	2 119	1 343	6	89	41	3	95	22	164	-	77	9	2	4	3	1	-	-	-	-	-	-	50
令和 元 年	総数	19 589	15 764	8 152	71	714	343	11	818	257	2 137	3	690	138	8	12	76	-	-	2	-	121	-	-	597
	男	17 047	13 712	6 861	68	615	274	8	748	227	1 969	3	623	131	6	6	71	-	-	2	-	119	-	-	559
	女	2 542	2 052	1 291	3	99	69	3	70	30	168	-	67	7	2	6	5	-	-	-	-	2	-	-	38

1）　総数は，刑法犯総数，特別法犯総数及びぐ犯の合計数値であり，過失運転致死傷・業務上（重）過失致死傷，危険運転致死傷及び道路交通法等の数値を含まない。
2）　刑法犯の総数は，車両運転による過失致死傷及び業務上（重）過失致死傷の数値を除いたものである。
3）　特別法犯の総数は，自動車の運転により人を死傷させる行為等の処罰に関する法律及び道路交通法等の数値を除いたものである。
（注）　過失運転致死傷・業務上（重）過失致死傷，危険運転致死傷及び道路交通法等以外の数値は，以下のものを除いたものである。
　ア　簡易送致事件
　イ　移送・回付で終局した事件
　ウ　併合審理され，既済事件として集計しなかったもの

（平成 27 年～令和元年）―全家庭裁判所

及び道路交通法等以外の数値は，既済事件の集計結果である。

犯										特別法犯											ぐ犯	業務上（重）過失致死傷及び過失運転致死傷	危険運転致死	危険運転致傷	道路交通法等	
賭博	住居侵入	放火	失火	過失致死傷（車両運転以外）	業務上（重）過失致死傷（車両運転以外）	往来妨害	器物損壊等	公務執行妨害	刑法犯その他	総数 3)	暴力行為等処罰ニ関スル法律	道路運送車両法	銃砲刀剣類所持等取締法	軽犯罪法	売春防止法	風俗営業等の規制及び業務の適正化等に関する法律等	麻薬及び向精神薬取締法等	覚せい剤取締法	出入国管理及び難民認定法	毒物及び劇物取締法	特別法犯その他					
9	1 264	56	8	330	51	17	731	152	523	4 334	224	178	199	1 277	31	56	105	95	22	8	2 139	247	18 711	7	62	21 035	27
8	1 174	41	7	257	31	16	680	149	424	3 862	208	178	186	1 189	7	25	89	29	13	8	1 930	134	…	…	…	…	
1	90	15	1	73	20	1	51	3	99	472	16	-	13	88	24	31	16	66	9	-	209	113	…	…	…	…	
7	1 098	41	5	230	40	10	596	133	468	4 271	140	167	223	1 092	34	50	162	105	27	17	2 254	234	17 430	6	63	19 628	28
5	1 017	36	4	162	28	10	537	128	384	3 802	128	164	205	1 034	5	32	152	35	15	13	2 019	132	…	…	…	…	
2	81	5	1	68	12	-	59	5	84	469	12	3	18	58	29	18	10	70	12	4	235	102	…	…	…	…	
18	953	46	7	187	33	7	557	94	415	4 037	115	126	184	838	35	54	218	82	38	9	2 338	205	15 772	6	50	17 116	29
18	888	38	4	131	21	7	525	90	347	3 594	101	124	170	789	8	29	195	41	29	9	2 099	118	…	…	…	…	
-	65	8	3	56	12	-	32	4	68	443	14	2	14	49	27	25	23	41	9	-	239	87	…	…	…	…	
9	725	40	1	135	18	8	461	96	349	3 691	132	108	141	663	23	48	292	72	24	10	2 178	210	13 729	2	48	15 398	30
8	670	36	1	93	13	8	415	89	299	3 281	109	105	129	629	5	30	256	34	20	7	1 957	124	…	…	…	…	
1	55	4	-	42	5	-	46	7	50	410	23	3	12	34	18	18	36	38	4	3	221	86	…	…	…	…	
4	588	35	1	93	15	9	392	74	403	3 643	100	91	165	500	20	40	438	89	30	1	2 169	182	11 178	6	38	13 485	元
3	554	31	1	68	9	9	351	71	325	3 222	93	87	145	468	1	19	390	49	24	1	1 945	113	…	…	…	…	
1	34	4	-	25	6	-	41	3	78	421	7	4	20	32	19	21	48	40	6	-	224	69	…	…	…	…	

第8表　少年保護事件の終局決定別

本表中，過失運転致死傷・業務上（重）過失致死傷，危険運転致死傷

非行	終局：総数	検察官へ送致：総数	検察官へ送致：刑事処分相当	検察官へ送致：年齢超過	保護処分：総数	保護処分：保護観察	保護処分：児童自立支援施設又は児童養護施設へ送致	少年院へ送致：総数	少年院へ送致：第1種	少年院へ送致：第2種
総数 1)	**19 589**	**489**	**99**	**390**	**7 638**	**5 902**	**137**	**1 599**	**1 524**	**31**
刑法犯総数 2)	**15 764**	**356**	**70**	**286**	**6 392**	**4 910**	**100**	**1 382**	**1 322**	**31**
窃盗	8 152	124	19	105	2 850	2 316	27	507	485	11
強盗	71	6	3	3	50	17	-	33	32	1
詐欺	714	43	13	30	456	284	1	171	168	2
恐喝	343	6	3	3	260	177	1	82	76	3
横領	11	-	-	-	2	2	-	-	-	-
遺失物等横領	818	21	1	20	73	70	-	3	3	-
盗品譲受け等	257	1	-	1	34	32	-	2	2	-
傷害	2 137	61	9	52	1 346	998	18	330	316	5
傷害致死	3	1	1	-	2	-	-	2	2	-
暴行	690	14	-	14	248	216	4	28	26	1
脅迫	138	2	-	2	87	78	-	9	9	-
殺人（死亡させた罪）	8	1	-	1	6	1	-	5	3	-
殺人（その他）	12	-	-	-	12	6	2	4	4	-
強盗致傷	76	8	4	4	66	24	-	42	39	3
強盗致死	-	-	-	-	-	-	-	-	-	-
強盗・強制性交等致死	-	-	-	-	-	-	-	-	-	-
強盗・強制性交等	2	1	1	-	-	-	-	-	-	-
強制性交等致死	-	-	-	-	-	-	-	-	-	-
強制性交等	121	3	2	1	95	38	20	37	36	1
集団強姦致死	-	-	-	-	-	-	-	-	-	-
集団強姦	-	-	-	-	-	-	-	-	-	-
わいせつ	597	11	2	9	300	239	14	47	47	-
賭博	4	-	-	-	2	2	-	-	-	-
住居侵入	588	5	-	5	161	148	1	12	11	1
放火	35	-	-	-	30	16	5	9	8	-
失火	1	-	-	-	-	-	-	-	-	-
過失致死傷（車両運転以外）	93	3	-	3	7	7	-	-	-	-
業務上（重）過失致死傷（車両運転以外）	15	-	-	-	2	2	-	-	-	-
往来妨害	9	-	-	-	5	4	-	1	1	-
器物損壊等	392	11	-	11	112	87	4	21	20	-
公務執行妨害	74	2	-	2	37	29	-	8	8	-
その他	403	32	12	20	149	117	3	29	26	3
特別法犯総数 3)	**3 643**	**133**	**29**	**104**	**1 122**	**945**	**4**	**173**	**164**	**-**
暴力行為等処罰ニ関スル法律	100	3	-	3	50	45	2	3	3	-
道路運送車両法	91	9	4	5	42	40	-	2	2	-
銃砲刀剣類所持等取締法	165	6	-	6	27	24	-	3	3	-
軽犯罪法	500	4	-	4	72	70	-	2	2	-
売春防止法	20	1	-	1	3	2	-	1	1	-
風俗営業等の規制及び業務の適正化等に関する法律等	40	2	-	2	8	8	-	-	-	-
麻薬及び向精神薬取締法等	438	23	3	20	360	271	-	89	84	-
覚せい剤取締法	89	14	7	7	70	24	1	45	41	-
出入国管理及び難民認定法	30	2	-	2	-	-	-	-	-	-
毒物及び劇物取締法	1	-	-	-	1	1	-	-	-	-
その他	2 169	69	15	54	489	460	1	28	28	-
ぐ犯	**182**	**-**	**-**	**-**	**124**	**47**	**33**	**44**	**38**	**-**
過失運転致死傷及び業務上（重）過失致死傷	11 178	603	133	470	1 655	1 631	-	24	24	-
危険運転致死	6	3	3	-	-	-	-	-	-	-
危険運転致傷	38	3	3	-	23	19	-	4	4	-
道路交通法等	13 485	2 185	1 743	442	4 327	4 215	-	112	110	2

1）　総数は，刑法犯総数，特別法犯総数及びぐ犯の合計数値であり，過失運転致死傷・業務上（重）過失致死傷，危険運転致死傷及び道路交通法等の数値を含まない。
2）　刑法犯の総数は，車両運転による過失致死傷及び業務上（重）過失致死傷の数値を除いたものである。
3）　特別法犯の総数は，自動車の運転により人を死傷させる行為等の処罰に関する法律及び道路交通法等の数値を除いたものである。
(注)　過失運転致死傷・業務上（重）過失致死傷，危険運転致死傷及び道路交通法等以外の数値は，以下のものを除いたものである。
　ア　簡易送致事件
　イ　移送・回付で終局した事件
　ウ　併合審理され，既済事件として集計しなかったもの

非行別既済人員－全家庭裁判所

及び道路交通法等以外の数値は，既済事件の集計結果である。

	決				定			
	知事又は児童相談所長へ送致			不処分	審判不開始	移送・回付	従たる事件	
第3種	総数	強制	非強制					
44	**115**	**13**	**102**	**4 019**	**7 328**	…	…	**総**
29	**85**	**1**	**84**	**3 171**	**5 760**	…	…	**刑**
11	32	-	32	1 698	3 448	…	…	窃
-	-	-	-	5	10	…	…	
1	2	-	2	75	138	…	…	
3	2	-	2	45	30	…	…	
-	-	-	-	2	7	…	…	
-	1	-	1	137	586	…	…	
-	-	-	-	55	167	…	…	盗
9	9	1	8	438	283	…	…	
-	-	-	-	-	-	…	…	
1	5	-	5	205	218	…	…	
-	-	-	-	29	20	…	…	
2	-	-	-	-	1	…	…	殺
-	-	-	-	-	-	…	…	
-	1	-	1	1	-	…	…	
-	-	-	-	-	-	…	…	
-	-	-	-	-	-	…	…	
-	1	-	1	-	-	…	…	
-	-	-	-	-	-	…	…	
-	7	-	7	13	3	…	…	
-	-	-	-	-	-	…	…	
-	-	-	-	-	-	…	…	
-	15	-	15	85	186	…	…	わ
-	-	-	-	-	2	…	…	
-	1	-	1	170	251	…	…	
1	3	-	3	1	1	…	…	
-	-	-	-	-	1	…	…	
-	-	-	-	9	74	…	…	
-	-	-	-	5	8	…	…	
-	1	-	1	-	3	…	…	往
1	3	-	3	99	167	…	…	
-	1	-	1	20	14	…	…	
-	1	-	1	79	142	…	…	
9	**10**	**-**	**10**	**830**	**1 548**	…	…	**特**
-	3	-	3	26	18	…	…	暴
-	-	-	-	13	27	…	…	
-	-	-	-	23	109	…	…	
-	1	-	1	123	300	…	…	軽
-	-	-	-	5	11	…	…	
-	-	-	-	6	24	…	…	
5	-	-	-	24	31	…	…	
4	-	-	-	2	3	…	…	覚
-	-	-	-	1	27	…	…	
-	-	-	-	-	-	…	…	
-	6	-	6	607	998	…	…	
6	**20**	**12**	**8**	**18**	**20**	…	…	**ぐ**
-	-	-	-	4 710	3 335	758	117	
-	-	-	-	-	-	3	-	
-	-	-	-	1	3	6	2	
-	-	-	-	989	4 135	1 270	579	

第９表　少年保護事件の終局決定及び

家庭裁判所	終局									
	総数	検察官へ送致			保護処分					
		総数	刑事処分相当	年齢超過	総数	保護観察	児童自立支援施設又は児童養護施設へ送致	少年院へ送致		
								総数	第1種	第2種
全国総数	56 959	3 314	1 985	1 329	13 985	12 004	143	1 838	1 750	38
東京高裁管内総数	21 027	1 047	649	398	4 811	4 004	61	746	700	21
東京	4 810	195	131	64	944	765	8	171	164	3
横浜	3 770	180	105	75	1 184	950	21	213	191	11
さいたま	3 000	127	72	55	656	567	7	82	81	1
千葉	2 469	103	54	49	499	416	10	73	70	1
水戸	1 044	159	123	36	284	245	3	36	32	-
宇都宮	708	67	54	13	188	160	2	26	24	1
前橋	1 328	92	38	54	240	203	5	32	30	1
静岡	2 305	82	48	34	391	334	2	55	50	3
甲府	400	14	12	2	104	88	-	16	16	-
長野	594	24	9	15	148	125	1	22	22	-
新潟	599	4	3	1	173	151	2	20	20	-
大阪高裁管内総数	13 425	877	507	370	3 349	2 896	26	427	408	4
大阪	6 670	541	357	184	1 736	1 474	13	249	240	2
京都	1 250	51	26	25	304	272	2	30	24	1
神戸	3 696	231	97	134	796	711	8	77	76	1
奈良	669	16	9	7	163	140	-	23	22	-
大津	654	21	10	11	215	176	1	38	38	-
和歌山	486	17	8	9	135	123	2	10	8	-
名古屋高裁管内総数	6 385	497	340	157	1 469	1 267	14	188	182	4
名古屋	3 956	275	197	78	882	754	13	115	112	3
津	711	126	94	32	185	158	1	26	24	1
岐阜	720	34	21	13	154	130	-	24	24	-
福井	247	15	5	10	85	79	-	6	5	-
金沢	331	23	10	13	69	62	-	7	7	-
富山	420	24	13	11	94	84	-	10	10	-
広島高裁管内総数	3 343	172	77	95	934	805	12	117	112	3
広島	1 366	72	33	39	319	271	3	45	42	2
山口	623	40	17	23	174	146	1	27	26	-
岡山	966	45	20	25	335	294	6	35	34	1
鳥取	191	6	5	1	58	55	-	3	3	-
松江	197	9	2	7	48	39	2	7	7	-
福岡高裁管内総数	7 417	461	267	194	1 762	1 526	16	220	211	5
福岡	3 334	209	108	101	661	538	3	120	116	2
佐賀	456	21	9	12	110	101	1	8	7	-
長崎	413	22	14	8	109	90	2	17	16	1
大分	397	55	38	17	95	86	-	9	9	-
熊本	608	47	33	14	157	141	-	16	15	1
鹿児島	470	17	11	6	134	115	2	17	16	-
宮崎	538	36	14	22	106	97	1	8	8	-
那覇	1 201	54	40	14	390	358	7	25	24	1
仙台高裁管内総数	2 103	114	46	68	566	518	7	41	40	-
仙台	633	51	25	26	168	157	-	11	11	-
福島	515	22	3	19	170	159	1	10	9	-
山形	344	12	-	12	72	67	-	5	5	-
盛岡	212	10	8	2	53	44	-	9	9	-
秋田	150	3	1	2	40	34	4	2	2	-
青森	249	16	9	7	63	57	2	4	4	-
札幌高裁管内総数	1 631	86	65	21	573	525	3	45	44	1
札幌	1 115	71	60	11	353	321	3	29	28	1
函館	172	2	-	2	72	66	-	6	6	-
旭川	172	6	1	5	70	64	-	6	6	-
釧路	172	7	4	3	78	74	-	4	4	-
高松高裁管内総数	1 628	60	34	26	521	463	4	54	53	-
高松	598	18	6	12	184	160	2	22	22	-
徳島	284	16	13	3	97	90	-	7	6	-
高知	256	9	7	2	75	64	2	9	9	-
松山	490	17	8	9	165	149	-	16	16	-

簡易送致事件別既済人員―家庭裁判所別

決定								総数のうち簡易送致事件	
	知事又は児童相談所長へ送致			不処分	審判不開始	移送・回付	従たる事件		
第3種	総数	強制	非強制						
50	116	13	103	10 151	20 403	5 311	3 679	5 278	全
25	44	8	36	4 148	7 620	2 008	1 349	2 216	東
4	14	3	11	826	1 856	661	314	513	
11	6	-	6	751	1 270	159	220	437	
-	6	1	5	532	1 115	334	230	409	
2	4	1	3	419	1 004	244	196	269	
4	2	1	1	213	287	54	45	79	
1	1	1	-	146	207	58	41	58	
1	2	-	2	415	230	275	74	98	
2	7	-	7	415	1 156	137	117	143	
-	-	-	-	119	105	21	37	40	
-	1	-	1	177	183	30	31	84	
-	1	1	-	135	207	35	44	86	
15	19	-	19	1 855	4 687	1 845	793	1 094	大
7	12	-	12	943	2 108	913	417	493	
5	2	-	2	192	448	188	65	120	
-	4	-	4	363	1 650	466	186	276	
1	-	-	-	122	158	157	53	80	
-	1	-	1	158	145	73	41	75	
2	-	-	-	77	178	48	31	50	
2	19	-	19	929	2 582	430	459	596	名
-	12	-	12	479	1 734	271	303	305	
1	-	-	-	124	174	42	60	55	
-	3	-	3	78	346	60	45	82	
1	-	-	-	55	64	19	9	15	
-	1	-	1	93	104	18	23	42	
-	3	-	3	100	160	20	19	97	
2	8	-	8	677	964	357	231	282	広
1	5	-	5	260	416	181	113	104	
1	1	-	1	149	135	84	40	55	
-	1	-	1	194	283	57	51	78	
-	-	-	-	42	58	12	15	30	
-	1	-	1	32	72	23	12	15	
4	14	2	12	1 416	2 851	361	552	625	福
2	3	-	3	540	1 536	101	284	362	
1	1	-	1	128	136	35	25	35	
-	1	-	1	85	182	5	9	29	
-	1	-	1	113	94	8	31	17	
-	2	-	2	181	157	26	38	41	
1	1	-	1	71	200	13	34	34	
-	1	-	1	155	171	52	17	53	
-	4	2	2	143	375	121	114	54	
1	7	2	5	566	651	139	60	172	仙
-	-	-	-	155	195	40	24	34	
1	3	-	3	144	131	31	14	50	
-	-	-	-	66	173	16	5	29	
-	-	-	-	65	57	24	3	25	
-	2	1	1	36	54	9	6	15	
-	2	1	1	100	41	19	8	19	
-	3	1	2	213	632	31	93	205	札
-	3	1	2	150	452	21	65	147	
-	-	-	-	24	60	3	11	27	
-	-	-	-	14	68	1	13	20	
-	-	-	-	25	52	6	4	11	
1	2	-	2	347	416	140	142	88	高
-	2	-	2	152	120	76	46	18	
1	-	-	-	77	57	24	13	24	
-	-	-	-	22	105	10	35	17	
-	-	-	-	96	134	30	48	29	

第9－1表　一般保護事件（過失運転致死傷，業務上（重）過失致死傷

家庭裁判所	終局									
	総数	検察官へ送致			保護処分					
		総数	刑事処分相当	年齢超過	総数	保護観察	児童自立支援施設又は児童養護施設へ送致	少年院へ送致		
								総数	第1種	第2種
全国総数	32 252	520	103	417	7 980	6 139	143	1 698	1 612	36
東京高裁管内総数	12 944	190	42	148	3 026	2 265	61	700	655	20
東京	3 585	57	15	42	687	510	8	169	162	3
横浜	2 533	45	9	36	813	598	21	194	173	10
さいたま	2 047	20	3	17	407	319	7	81	80	1
千葉	1 587	21	2	19	323	247	10	66	63	1
水戸	506	8	4	4	153	115	3	35	31	-
宇都宮	405	6	2	4	104	78	2	24	22	1
前橋	537	11	2	9	113	78	5	30	28	1
静岡	788	14	3	11	195	142	2	51	46	3
甲府	185	1	1	-	52	39	-	13	13	-
長野	350	6	1	5	74	54	1	19	19	-
新潟	421	1	-	1	105	85	2	18	18	-
大阪高裁管内総数	7 051	106	16	90	1 809	1 393	26	390	371	4
大阪	3 612	67	11	56	964	723	13	228	219	2
京都	670	9	2	7	153	122	2	29	23	1
神戸	1 636	22	2	20	408	332	8	68	67	1
奈良	456	3	-	3	103	83	-	20	19	-
大津	408	3	1	2	128	91	1	36	36	-
和歌山	269	2	-	2	53	42	2	9	7	-
名古屋高裁管内総数	3 627	54	18	36	818	633	14	171	165	4
名古屋	2 262	26	11	15	532	412	13	107	104	3
津	340	9	2	7	85	62	1	22	20	1
岐阜	432	6	4	2	90	70	-	20	20	-
福井	121	1	1	-	26	20	-	6	5	-
金沢	176	7	-	7	27	20	-	7	7	-
富山	296	5	-	5	58	49	-	9	9	-
広島高裁管内総数	2 007	38	4	34	527	407	12	108	103	3
広島	855	19	3	16	211	166	3	42	39	2
山口	356	6	-	6	94	69	1	24	23	-
岡山	568	11	1	10	169	130	6	33	32	1
鳥取	112	-	-	-	28	25	-	3	3	-
松江	116	2	-	2	25	17	2	6	6	-
福岡高裁管内総数	3 653	88	17	71	1 031	822	16	193	185	4
福岡	1 747	54	6	48	463	355	3	105	102	1
佐賀	162	1	1	-	47	41	1	5	4	-
長崎	172	4	-	4	56	38	2	16	15	1
大分	182	2	1	1	69	60	-	9	9	-
熊本	345	6	3	3	100	85	-	15	14	1
鹿児島	257	3	-	3	93	74	2	17	16	-
宮崎	178	3	-	3	45	40	1	4	4	-
那覇	610	15	6	9	158	129	7	22	21	1
仙台高裁管内総数	1 105	26	1	25	259	213	7	39	38	-
仙台	327	10	-	10	73	62	-	11	11	-
福島	274	6	1	5	73	64	1	8	7	-
山形	158	5	-	5	22	17	-	5	5	-
盛岡	125	1	-	1	37	28	-	9	9	-
秋田	98	-	-	-	23	17	4	2	2	-
青森	123	4	-	4	31	25	2	4	4	-
札幌高裁管内総数	982	4	-	4	245	197	3	45	44	1
札幌	692	4	-	4	159	127	3	29	28	1
函館	88	-	-	-	21	15	-	6	6	-
旭川	106	-	-	-	35	29	-	6	6	-
釧路	96	-	-	-	30	26	-	4	4	-
高松高裁管内総数	883	14	5	9	265	209	4	52	51	-
高松	288	4	2	2	89	65	2	22	22	-
徳島	130	3	1	2	46	39	-	7	6	-
高知	157	1	-	1	46	35	2	9	9	-
松山	308	6	2	4	84	70	-	14	14	-

及び危険運転致死傷を除く）の終局決定別既済人員―家庭裁判所別

決定								
	知事又は児童相談所長へ送致			不処分	審判不開始	移送・回付	従たる事件	
第3種	総数	強制	非強制					
50	116	13	103	4 451	12 930	3 274	2 981	全
25	44	8	36	1 716	5 367	1 454	1 147	東
4	14	3	11	469	1 514	562	282	
11	6	-	6	448	892	139	190	
-	6	1	5	226	941	248	199	
2	4	1	3	185	701	184	169	
4	2	1	1	64	201	39	39	
1	1	1	-	52	169	41	32	
1	2	-	2	56	186	110	59	
2	7	-	7	80	353	58	81	
-	-	-	-	19	68	15	30	
-	1	-	1	52	164	26	27	
-	1	1	-	65	178	32	39	
15	19	-	19	831	2 771	910	605	大
7	12	-	12	401	1 402	443	323	
5	2	-	2	71	287	99	49	
-	4	-	4	203	669	197	133	
1	-	-	-	71	131	107	41	
-	1	-	1	66	130	42	38	
2	-	-	-	19	152	22	21	
2	19	-	19	541	1 460	335	400	名
-	12	-	12	343	862	218	269	
1	-	-	-	52	119	27	48	
-	3	-	3	71	180	46	36	
1	-	-	-	19	55	13	7	
-	1	-	1	16	92	12	21	
-	3	-	3	40	152	19	19	
2	8	-	8	274	751	216	193	広
1	5	-	5	111	308	102	99	
1	1	-	1	48	116	58	33	
-	1	-	1	80	228	38	41	
-	-	-	-	18	51	3	12	
-	1	-	1	17	48	15	8	
4	14	2	12	572	1 358	175	415	福
2	3	-	3	243	704	66	214	
1	1	-	1	18	59	23	13	
-	1	-	1	33	69	4	5	
-	1	-	1	32	47	6	25	
-	2	-	2	81	112	16	28	
1	1	-	1	32	88	10	30	
-	1	-	1	36	69	14	10	
-	4	2	2	97	210	36	90	
1	7	2	5	206	464	95	48	仙
-	-	-	-	53	149	24	18	
1	3	-	3	61	98	22	11	
-	-	-	-	20	92	14	5	
-	-	-	-	18	52	15	2	
-	2	1	1	28	33	7	5	
-	2	1	1	26	40	13	7	
-	3	1	2	171	457	24	78	札
-	3	1	2	121	332	19	54	
-	-	-	-	18	41	1	7	
-	-	-	-	12	45	1	13	
-	-	-	-	20	39	3	4	
1	2	-	2	140	302	65	95	高
-	2	-	2	42	91	30	30	
1	-	-	-	20	40	13	8	
-	-	-	-	19	57	9	25	
-	-	-	-	59	114	13	32	

第９－２表　一般保護事件（過失運転致死傷，業務上（重）

家庭裁判所	終局 総数	検察官へ送致 総数	検察官へ送致 刑事処分相当	検察官へ送致 年齢超過	保護処分 総数	保護処分 保護観察	保護処分 児童自立支援施設又は児童養護施設へ送致	少年院へ送致 総数	少年院へ送致 第1種	少年院へ送致 第2種
全国総数	11 222	609	139	470	1 678	1 650	-	28	28	-
東京高裁管内総数	4 046	207	54	153	649	642	-	7	7	-
東京	512	13	6	7	77	77	-	-	-	-
横浜	524	36	17	19	144	141	-	3	3	-
さいたま	459	32	4	28	77	77	-	-	-	-
千葉	353	21	7	14	60	60	-	-	-	-
水戸	301	35	10	25	57	57	-	-	-	-
宇都宮	132	8	1	7	23	23	-	-	-	-
前橋	557	35	4	31	37	36	-	1	1	-
静岡	814	20	3	17	104	102	-	2	2	-
甲府	110	-	-	-	12	12	-	-	-	-
長野	177	5	-	5	35	35	-	-	-	-
新潟	107	2	2	-	23	22	-	1	1	-
大阪高裁管内総数	1 801	105	16	89	327	318	-	9	9	-
大阪	843	45	7	38	182	177	-	5	5	-
京都	171	8	-	8	34	34	-	-	-	-
神戸	511	37	7	30	67	64	-	3	3	-
奈良	82	3	1	2	11	11	-	-	-	-
大津	124	8	-	8	21	20	-	1	1	-
和歌山	70	4	1	3	12	12	-	-	-	-
名古屋高裁管内総数	1 393	87	13	74	183	180	-	3	3	-
名古屋	835	49	6	43	95	94	-	1	1	-
津	161	18	2	16	25	24	-	1	1	-
岐阜	162	8	2	6	17	17	-	-	-	-
福井	67	5	1	4	20	20	-	-	-	-
金沢	99	3	-	3	17	17	-	-	-	-
富山	69	4	2	2	9	8	-	1	1	-
広島高裁管内総数	607	54	18	36	114	110	-	4	4	-
広島	229	23	10	13	30	29	-	1	1	-
山口	133	16	3	13	17	16	-	1	1	-
岡山	184	13	5	8	58	56	-	2	2	-
鳥取	33	1	-	1	7	7	-	-	-	-
松江	28	1	-	1	2	2	-	-	-	-
福岡高裁管内総数	2 146	97	22	75	227	223	-	4	4	-
福岡	870	39	8	31	70	68	-	2	2	-
佐賀	229	9	2	7	35	34	-	1	1	-
長崎	141	3	-	3	14	14	-	-	-	-
大分	130	15	2	13	13	13	-	-	-	-
熊本	143	16	6	10	28	27	-	1	1	-
鹿児島	140	3	1	2	11	11	-	-	-	-
宮崎	245	10	1	9	23	23	-	-	-	-
那覇	248	2	2	-	33	33	-	-	-	-
仙台高裁管内総数	645	29	6	23	99	98	-	1	1	-
仙台	169	13	3	10	30	30	-	-	-	-
福島	144	5	-	5	28	27	-	1	1	-
山形	146	5	-	5	16	16	-	-	-	-
盛岡	61	-	-	-	7	7	-	-	-	-
秋田	37	1	-	1	7	7	-	-	-	-
青森	88	5	3	2	11	11	-	-	-	-
札幌高裁管内総数	212	13	6	7	24	24	-	-	-	-
札幌	137	7	5	2	13	13	-	-	-	-
函館	23	-	-	-	5	5	-	-	-	-
旭川	27	4	-	4	1	1	-	-	-	-
釧路	25	2	1	1	5	5	-	-	-	-
高松高裁管内総数	372	17	4	13	55	55	-	-	-	-
高松	175	9	1	8	23	23	-	-	-	-
徳島	92	4	3	1	10	10	-	-	-	-
高知	39	1	-	1	8	8	-	-	-	-
松山	66	3	-	3	14	14	-	-	-	-

過失致死傷及び危険運転致死傷）の終局決定別既済人員－家庭裁判所別

決					定			
	知事又は児童相談所長へ送致			不処分	審判不開始	移送・回付	従たる事件	
第3種	総数	強制	非強制					
-	-	-	-	4 711	3 338	767	119	全
-	-	-	-	2 123	759	263	45	東
-	-	-	-	303	88	24	7	
-	-	-	-	273	58	9	4	
-	-	-	-	255	48	41	6	
-	-	-	-	169	76	22	5	
-	-	-	-	141	55	12	1	
-	-	-	-	87	9	4	1	
-	-	-	-	345	27	104	9	
-	-	-	-	282	361	37	10	
-	-	-	-	83	12	3	-	
-	-	-	-	123	10	4	-	
-	-	-	-	62	15	3	2	
-	-	-	-	656	429	256	28	大
-	-	-	-	286	209	110	11	
-	-	-	-	89	13	22	5	
-	-	-	-	125	190	85	7	
-	-	-	-	40	6	20	2	
-	-	-	-	73	8	14	-	
-	-	-	-	43	3	5	3	
-	-	-	-	325	739	51	8	名
-	-	-	-	96	562	27	6	
-	-	-	-	65	44	8	1	
-	-	-	-	2	129	5	1	
-	-	-	-	35	3	4	-	
-	-	-	-	73	-	6	-	
-	-	-	-	54	1	1	-	
-	-	-	-	332	45	54	8	広
-	-	-	-	127	17	29	3	
-	-	-	-	85	2	12	1	
-	-	-	-	94	10	5	4	
-	-	-	-	16	3	6	-	
-	-	-	-	10	13	2	-	
-	-	-	-	707	1 009	91	15	福
-	-	-	-	239	500	17	5	
-	-	-	-	107	70	7	1	
-	-	-	-	39	84	1	-	
-	-	-	-	70	28	2	2	
-	-	-	-	88	6	3	2	
-	-	-	-	26	99	1	-	
-	-	-	-	111	72	27	2	
-	-	-	-	27	150	33	3	
-	-	-	-	339	159	16	3	仙
-	-	-	-	90	30	4	2	
-	-	-	-	80	28	3	-	
-	-	-	-	46	78	1	-	
-	-	-	-	47	1	5	1	
-	-	-	-	6	21	2	-	
-	-	-	-	70	1	1	-	
-	-	-	-	36	133	1	5	札
-	-	-	-	25	89	-	3	
-	-	-	-	4	12	-	2	
-	-	-	-	2	20	-	-	
-	-	-	-	5	12	1	-	
-	-	-	-	193	65	35	7	高
-	-	-	-	99	15	22	7	
-	-	-	-	57	17	4	-	
-	-	-	-	3	27	-	-	
-	-	-	-	34	6	9	-	

第9－3表　道路交通保護事件の

家庭裁判所	終						局			
	総数	検察官へ送致			保護		処	分		
		総数	刑事処分相当	年齢超過	総数	保護観察	児童自立支援施設又は児童養護施設へ送致	少年院へ送致		
								総数	第1種	第2種
全国総数	13 485	2 185	1 743	442	4 327	4 215	-	112	110	2
東京高裁管内総数	4 037	650	553	97	1 136	1 097	-	39	38	1
東京	713	125	110	15	180	178	-	2	2	-
横浜	713	99	79	20	227	211	-	16	15	1
さいたま	494	75	65	10	172	171	-	1	1	-
千葉	529	61	45	16	116	109	-	7	7	-
水戸	237	116	109	7	74	73	-	1	1	-
宇都宮	171	53	51	2	61	59	-	2	2	-
前橋	234	46	32	14	90	89	-	1	1	-
静岡	703	48	42	6	92	90	-	2	2	-
甲府	105	13	11	2	40	37	-	3	3	-
長野	67	13	8	5	39	36	-	3	3	-
新潟	71	1	1	-	45	44	-	1	1	-
大阪高裁管内総数	4 573	666	475	191	1 213	1 185	-	28	28	-
大阪	2 215	429	339	90	590	574	-	16	16	-
京都	409	34	24	10	117	116	-	1	1	-
神戸	1 549	172	88	84	321	315	-	6	6	-
奈良	131	10	8	2	49	46	-	3	3	-
大津	122	10	9	1	66	65	-	1	1	-
和歌山	147	11	7	4	70	69	-	1	1	-
名古屋高裁管内総数	1 365	356	309	47	468	454	-	14	14	-
名古屋	859	200	180	20	255	248	-	7	7	-
津	210	99	90	9	75	72	-	3	3	-
岐阜	126	20	15	5	47	43	-	4	4	-
福井	59	9	3	6	39	39	-	-	-	-
金沢	56	13	10	3	25	25	-	-	-	-
富山	55	15	11	4	27	27	-	-	-	-
広島高裁管内総数	729	80	55	25	293	288	-	5	5	-
広島	282	30	20	10	78	76	-	2	2	-
山口	134	18	14	4	63	61	-	2	2	-
岡山	214	21	14	7	108	108	-	-	-	-
鳥取	46	5	5	-	23	23	-	-	-	-
松江	53	6	2	4	21	20	-	1	1	-
福岡高裁管内総数	1 618	276	228	48	504	481	-	23	22	1
福岡	717	116	94	22	128	115	-	13	12	1
佐賀	65	11	6	5	28	26	-	2	2	-
長崎	100	15	14	1	39	38	-	1	1	-
大分	85	38	35	3	13	13	-	-	-	-
熊本	120	25	24	1	29	29	-	-	-	-
鹿児島	73	11	10	1	30	30	-	-	-	-
宮崎	115	23	13	10	38	34	-	4	4	-
那覇	343	37	32	5	199	196	-	3	3	-
仙台高裁管内総数	353	59	39	20	208	207	-	1	1	-
仙台	137	28	22	6	65	65	-	-	-	-
福島	97	11	2	9	69	68	-	1	1	-
山形	40	2	-	2	34	34	-	-	-	-
盛岡	26	9	8	1	9	9	-	-	-	-
秋田	15	2	1	1	10	10	-	-	-	-
青森	38	7	6	1	21	21	-	-	-	-
札幌高裁管内総数	437	69	59	10	304	304	-	-	-	-
札幌	286	60	55	5	181	181	-	-	-	-
函館	61	2	-	2	46	46	-	-	-	-
旭川	39	2	1	1	34	34	-	-	-	-
釧路	51	5	3	2	43	43	-	-	-	-
高松高裁管内総数	373	29	25	4	201	199	-	2	2	-
高松	135	5	3	2	72	72	-	-	-	-
徳島	62	9	9	-	41	41	-	-	-	-
高知	60	7	7	-	21	21	-	-	-	-
松山	116	8	6	2	67	65	-	2	2	-

終局決定別既済人員—家庭裁判所別

決							定	
	知事又は児童相談所長へ送致			不処分	審判不開始	移送・回付	従たる事件	
第3種	総数	強制	非強制					
-	-	-	-	**989**	**4 135**	**1 270**	**579**	**全**
-	-	-	-	**309**	**1 494**	**291**	**157**	**東**
-	-	-	-	54	254	75	25	
-	-	-	-	30	320	11	26	
-	-	-	-	51	126	45	25	
-	-	-	-	65	227	38	22	
-	-	-	-	8	31	3	5	
-	-	-	-	7	29	13	8	
-	-	-	-	14	17	61	6	
-	-	-	-	53	442	42	26	
-	-	-	-	17	25	3	7	
-	-	-	-	2	9	-	4	
-	-	-	-	8	14	-	3	
-	-	-	-	**368**	**1 487**	**679**	**160**	**大**
-	-	-	-	256	497	360	83	
-	-	-	-	32	148	67	11	
-	-	-	-	35	791	184	46	
-	-	-	-	11	21	30	10	
-	-	-	-	19	7	17	3	
-	-	-	-	15	23	21	7	
-	-	-	-	**63**	**383**	**44**	**51**	**名**
-	-	-	-	40	310	26	28	
-	-	-	-	7	11	7	11	
-	-	-	-	5	37	9	8	
-	-	-	-	1	6	2	2	
-	-	-	-	4	12	-	2	
-	-	-	-	6	7	-	-	
-	-	-	-	**71**	**168**	**87**	**30**	**広**
-	-	-	-	22	91	50	11	
-	-	-	-	16	17	14	6	
-	-	-	-	20	45	14	6	
-	-	-	-	8	4	3	3	
-	-	-	-	5	11	6	4	
-	-	-	-	**137**	**484**	**95**	**122**	**福**
-	-	-	-	58	332	18	65	
-	-	-	-	3	7	5	11	
-	-	-	-	13	29	-	4	
-	-	-	-	11	19	-	4	
-	-	-	-	12	39	7	8	
-	-	-	-	13	13	2	4	
-	-	-	-	8	30	11	5	
-	-	-	-	19	15	52	21	
-	-	-	-	**21**	**28**	**28**	**9**	**仙**
-	-	-	-	12	16	12	4	
-	-	-	-	3	5	6	3	
-	-	-	-	-	3	1	-	
-	-	-	-	-	4	4	-	
-	-	-	-	2	-	-	1	
-	-	-	-	4	-	5	1	
-	-	-	-	**6**	**42**	**6**	**10**	**札**
-	-	-	-	4	31	2	8	
-	-	-	-	2	7	2	2	
-	-	-	-	-	3	-	-	
-	-	-	-	-	1	2	-	
-	-	-	-	**14**	**49**	**40**	**40**	**高**
-	-	-	-	11	14	24	9	
-	-	-	-	-	-	7	5	
-	-	-	-	-	21	1	10	
-	-	-	-	3	14	8	16	

第10表　少年保護事件のうち保護観察に付された人員――一般短期及び交通短期処遇勧告のあったもの――家庭裁判所別

本表中，一般短期処遇勧告に関する数値は，既済事件の集計結果である。

家庭裁判所	一般保護事件				道路交通保護事件	
	総数	うち一般短期処遇勧告	うち交通短期処遇勧告	うち過失運転致死傷及び業務上（重）過失致死傷	総数	うち交通短期処遇勧告
全国総数	7 789	1 325	1 142	1 081	4 215	2 886
東京高裁管内総数	2 907	404	451	429	1 097	755
東京	587	66	52	48	178	131
横浜	739	107	78	74	211	96
さいたま	396	70	57	57	171	137
千葉	307	47	35	31	109	75
水戸	172	20	47	47	73	61
宇都宮	101	17	22	20	59	38
前橋	114	9	30	27	89	74
静岡	244	32	91	86	90	72
甲府	51	8	8	8	37	30
長野	89	16	22	22	36	16
新潟	107	12	9	9	44	25
大阪高裁管内総数	1 711	330	193	181	1 185	760
大阪	900	162	109	105	574	358
京都	156	39	17	16	116	82
神戸	396	54	33	30	315	204
奈良	94	43	10	9	46	28
大津	111	25	15	14	65	41
和歌山	54	7	9	7	69	47
名古屋高裁管内総数	813	137	113	111	454	340
名古屋	506	113	71	69	248	192
津	86	14	13	13	72	49
岐阜	87	4	8	8	43	31
福井	40	3	10	10	39	25
金沢	37	-	9	9	25	20
富山	57	3	2	2	27	23
広島高裁管内総数	517	104	79	71	288	191
広島	195	47	14	13	76	43
山口	85	16	10	9	61	40
岡山	186	30	48	43	108	74
鳥取	32	6	6	5	23	14
松江	19	5	1	1	20	20
福岡高裁管内総数	1 045	191	182	169	481	291
福岡	423	82	52	50	115	39
佐賀	75	12	30	30	26	20
長崎	52	7	11	10	38	21
大分	73	16	12	9	13	11
熊本	112	12	23	23	29	10
鹿児島	85	22	10	8	30	23
宮崎	63	8	16	15	34	15
那覇	162	32	28	24	196	152
仙台高裁管内総数	311	49	70	69	207	144
仙台	92	13	21	21	65	47
福島	91	10	20	20	68	45
山形	33	8	12	12	34	29
盛岡	35	3	6	5	9	5
秋田	24	8	2	2	10	8
青森	36	7	9	9	21	10
札幌高裁管内総数	221	40	12	11	304	270
札幌	140	27	8	7	181	162
函館	20	4	1	1	46	39
旭川	30	4	-	-	34	31
釧路	31	5	3	3	43	38
高松高裁管内総数	264	70	42	40	199	135
高松	88	25	19	18	72	44
徳島	49	6	7	7	41	37
高知	43	8	6	6	21	17
松山	84	31	10	9	65	37

第11表　少年保護事件のうち少年院へ送致された人員－短期処遇勧告のあったもの－家庭裁判所別

本表中，一般保護事件のうち処遇勧告のあったものの数値は既済事件の集計結果である。

家庭裁判所	一般保護事件 総数	一般保護事件 うち処遇勧告あり 総数	一般保護事件 うち処遇勧告あり 短期処遇勧告 総数	一般保護事件 うち処遇勧告あり 短期処遇勧告 短期間	一般保護事件 うち処遇勧告あり 短期処遇勧告 特別短期間	一般保護事件 うち処遇勧告あり 比較的短期間	一般保護事件 うち処遇勧告あり その他	道路交通保護事件 総数	道路交通保護事件 うち短期処遇勧告あり 総数	道路交通保護事件 うち短期処遇勧告あり 短期間	道路交通保護事件 うち短期処遇勧告あり 特別短期間
全国総数	**1 726**	**351**	**261**	**258**	**3**	**6**	**84**	**112**	**31**	**31**	**-**
東京高裁管内総数	**707**	**146**	**100**	**97**	**3**	**1**	**45**	**39**	**7**	**7**	**-**
東京	169	40	30	29	1	1	9	2	-	-	-
横浜	197	30	11	11	-	-	19	16	3	3	-
さいたま	81	17	13	13	-	-	4	1	-	-	-
千葉	66	15	10	10	-	-	5	7	1	1	-
水戸	35	3	3	2	1	-	-	1	-	-	-
宇都宮	24	7	5	4	1	-	2	2	1	1	-
前橋	31	13	11	11	-	-	2	1	-	-	-
静岡	53	15	11	11	-	-	4	2	1	1	-
甲府	13	2	2	2	-	-	-	3	-	-	-
長野	19	1	1	1	-	-	-	3	1	1	-
新潟	19	3	3	3	-	-	-	1	-	-	-
大阪高裁管内総数	**399**	**81**	**57**	**57**	**-**	**1**	**23**	**28**	**12**	**12**	**-**
大阪	233	54	40	40	-	-	14	16	8	8	-
京都	29	6	2	2	-	-	4	1	-	-	-
神戸	71	9	7	7	-	-	2	6	1	1	-
奈良	20	8	6	6	-	-	2	3	3	3	-
大津	37	3	2	2	-	1	-	1	-	-	-
和歌山	9	1	-	-	-	-	1	1	-	-	-
名古屋高裁管内総数	**174**	**38**	**31**	**31**	**-**	**3**	**4**	**14**	**5**	**5**	**-**
名古屋	108	26	21	21	-	3	2	7	3	3	-
津	23	7	6	6	-	-	1	3	-	-	-
岐阜	20	4	4	4	-	-	-	4	2	2	-
福井	6	1	-	-	-	-	1	-	-	-	-
金沢	7	-	-	-	-	-	-	-	-	-	-
富山	10	-	-	-	-	-	-	-	-	-	-
広島高裁管内総数	**112**	**25**	**23**	**23**	**-**	**-**	**2**	**5**	**2**	**2**	**-**
広島	43	10	8	8	-	-	2	2	-	-	-
山口	25	9	9	9	-	-	-	2	1	1	-
岡山	35	6	6	6	-	-	-	-	-	-	-
鳥取	3	-	-	-	-	-	-	-	-	-	-
松江	6	-	-	-	-	-	-	1	1	1	-
福岡高裁管内総数	**197**	**36**	**31**	**31**	**-**	**-**	**5**	**23**	**4**	**4**	**-**
福岡	107	22	20	20	-	-	2	13	4	4	-
佐賀	6	-	-	-	-	-	-	2	-	-	-
長崎	16	1	1	1	-	-	-	1	-	-	-
大分	9	1	1	1	-	-	-	-	-	-	-
熊本	16	2	2	2	-	-	-	-	-	-	-
鹿児島	17	5	3	3	-	-	2	-	-	-	-
宮崎	4	-	-	-	-	-	-	4	-	-	-
那覇	22	5	4	4	-	-	1	3	-	-	-
仙台高裁管内総数	**40**	**5**	**2**	**2**	**-**	**-**	**3**	**1**	**-**	**-**	**-**
仙台	11	-	-	-	-	-	-	-	-	-	-
福島	9	2	1	1	-	-	1	1	-	-	-
山形	5	2	-	-	-	-	2	-	-	-	-
盛岡	9	1	1	1	-	-	-	-	-	-	-
秋田	2	-	-	-	-	-	-	-	-	-	-
青森	4	-	-	-	-	-	-	-	-	-	-
札幌高裁管内総数	**45**	**6**	**6**	**6**	**-**	**-**	**-**	**-**	**-**	**-**	**-**
札幌	29	4	4	4	-	-	-	-	-	-	-
函館	6	1	1	1	-	-	-	-	-	-	-
旭川	6	-	-	-	-	-	-	-	-	-	-
釧路	4	1	1	1	-	-	-	-	-	-	-
高松高裁管内総数	**52**	**14**	**11**	**11**	**-**	**1**	**2**	**2**	**1**	**1**	**-**
高松	22	6	5	5	-	1	-	-	-	-	-
徳島	7	1	-	-	-	-	1	-	-	-	-
高知	9	3	3	3	-	-	-	-	-	-	-
松山	14	4	3	3	-	-	1	2	1	1	-

第12表　準少年保護事件の種類別受理，既済，未済人員—全家庭裁判所

事件	受理			既済											未済
	総数	旧受	新受	総数	認容	取消し	児童自立支援施設等送致	第1種少年院送致	第2種少年院送致	第3種少年院送致	移送	回付	併合	その他	
総数	**661**	**94**	**567**	**570**	**560**	**-**	**-**	**5**	**-**	**-**	**1**	**-**	**-**	**4**	**91**
保護処分取消事件	1	-	1	1	-	-	-	-	-	-	-	-	-	1	-
収容継続申請事件	642	93	549	554	552	-	-	-	-	-	-	-	-	2	88
戻収容申請事件	12	-	12	9	8	-	-	-	-	-	1	-	-	-	3
施設送致申請事件	6	1	5	6	-	-	-	5	-	-	-	-	-	1	-

第13表　準少年保護事件の審理期間別既済人員—全家庭裁判所

事件	総数	1月以内	3月以内	6月以内	1年以内	1年を超えるもの
準少年保護事件	570	50	469	51	-	-

第 14 表　抗告事件の受理，既済，未済人員—高等裁判所別

高等裁判所	受理				既済	未済
	総数	旧受	新受	うち受理決定		
全国総数	**468**	**32**	**436**	**-**	**453**	**15**
東京	184	11	173	-	177	7
大阪	120	7	113	-	118	2
名古屋	48	6	42	-	43	5
広島	24	-	24	-	24	-
福岡	50	4	46	-	49	1
仙台	18	4	14	-	18	-
札幌	11	-	11	-	11	-
高松	13	-	13	-	13	-

第15表　一般保護事件の終局総人員

非行	終局														
	総数	検察官へ送致			保護処分							知事又は児童相談所長へ送致			不
		総数	刑事処分相当	年齢超過	総数	保護観察	児童自立支援施設又は児童養護施設へ送致	少年院へ送致				総数	強制	非強制	総数
								総数	第1種	第2種	第3種				
総数	**19 589**	**489**	**99**	**390**	**7 638**	**5 902**	**137**	**1 599**	**1 524**	**31**	**44**	**115**	**13**	**102**	**4 019**
刑法犯総数	**15 764**	**356**	**70**	**286**	**6 392**	**4 910**	**100**	**1 382**	**1 322**	**31**	**29**	**85**	**1**	**84**	**3 171**
窃盗	8 152	124	19	105	2 850	2 316	27	507	485	11	11	32	-	32	1 698
強盗	71	6	3	3	50	17	-	33	32	1	-	-	-	-	5
詐欺	714	43	13	30	456	284	1	171	168	2	1	2	-	2	75
恐喝	343	6	3	3	260	177	1	82	76	3	3	2	-	2	45
横領	11	-	-	-	2	2	-	-	-	-	-	-	-	-	2
遺失物等横領	818	21	1	20	73	70	-	3	3	-	-	1	-	1	137
盗品譲受け等	257	1	-	1	34	32	-	2	2	-	-	-	-	-	55
傷害	2 137	61	9	52	1 346	998	18	330	316	5	9	9	1	8	438
傷害致死	3	1	1	-	2	-	-	2	2	-	-	-	-	-	-
暴行	690	14	-	14	248	216	4	28	26	1	1	5	-	5	205
脅迫	138	2	-	2	87	78	-	9	9	-	-	-	-	-	29
殺人（死亡させた罪）	8	1	-	1	6	1	-	5	3	-	2	-	-	-	-
殺人（その他）	12	-	-	-	12	6	2	4	4	-	-	-	-	-	-
強盗致傷	76	8	4	4	66	24	-	42	39	3	-	1	-	1	1
強盗致死	-	-	-	-	-	-	-	-	-	-	-	-	-	-	-
強盗・強制性交等致死	-	-	-	-	-	-	-	-	-	-	-	-	-	-	-
強盗・強制性交等	2	1	1	-	-	-	-	-	-	-	-	1	-	1	-
強制性交等致死	-	-	-	-	-	-	-	-	-	-	-	-	-	-	-
強制性交等	121	3	2	1	95	38	20	37	36	1	-	7	-	7	13
集団強姦致死	-	-	-	-	-	-	-	-	-	-	-	-	-	-	-
集団強姦	-	-	-	-	-	-	-	-	-	-	-	-	-	-	-
わいせつ	597	11	2	9	300	239	14	47	47	-	-	15	-	15	85
賭博	4	-	-	-	2	2	-	-	-	-	-	-	-	-	-
住居侵入	588	5	-	5	161	148	1	12	11	1	-	1	-	1	170
放火	35	-	-	-	30	16	5	9	8	-	1	3	-	3	1
失火	1	-	-	-	-	-	-	-	-	-	-	-	-	-	-
過失致死傷	93	3	-	3	7	7	-	-	-	-	-	-	-	-	9
業務上（重）過失致死傷	15	-	-	-	2	2	-	-	-	-	-	-	-	-	5
往来妨害	9	-	-	-	5	4	-	1	1	-	-	1	-	1	-
器物損壊等	392	11	-	11	112	87	4	21	20	-	1	3	-	3	99
公務執行妨害	74	2	-	2	37	29	-	8	8	-	-	1	-	1	20
その他	403	32	12	20	149	117	3	29	26	3	-	1	-	1	79
特別法犯総数	**3 643**	**133**	**29**	**104**	**1 122**	**945**	**4**	**173**	**164**	**-**	**9**	**10**	**-**	**10**	**830**
暴力行為等処罰ニ関スル法律	100	3	-	3	50	45	2	3	3	-	-	3	-	3	26
道路運送車両法	91	9	4	5	42	40	-	2	2	-	-	-	-	-	13
銃砲刀剣類所持等取締法	165	6	-	6	27	24	-	3	3	-	-	-	-	-	23
軽犯罪法	500	4	-	4	72	70	-	2	2	-	-	1	-	1	123
売春防止法	20	1	-	1	3	2	-	1	1	-	-	-	-	-	5
風俗営業等の規制及び業務の適正化等に関する法律等	40	2	-	2	8	8	-	-	-	-	-	-	-	-	6
麻薬及び向精神薬取締法等	438	23	3	20	360	271	-	89	84	-	5	-	-	-	24
覚せい剤取締法	89	14	7	7	70	24	1	45	41	-	4	-	-	-	2
出入国管理及び難民認定法	30	2	-	2	-	-	-	-	-	-	-	-	-	-	1
毒物及び劇物取締法	1	-	-	-	1	1	-	-	-	-	-	-	-	-	-
その他	2 169	69	15	54	489	460	1	28	28	-	-	6	-	6	607
ぐ犯	**182**	**-**	**-**	**-**	**124**	**47**	**33**	**44**	**38**	**-**	**6**	**20**	**12**	**8**	**18**

—終局決定及び受理時身柄付別非行別（うち女）—全家庭裁判所

決定												総数のうち受理時身柄付	
処分					審判不開始								
保護的措置	別件保護中	非行なし	所在不明等	その他	総数	保護的措置	別件保護中	事案軽微	非行なし	所在不明等	その他		
3 573	**420**	**20**	**4**	**2**	**7 328**	**5 967**	**1 093**	**119**	**14**	**96**	**39**	**4 210**	**総**
2 785	**369**	**14**	**2**	**1**	**5 760**	**4 608**	**981**	**77**	**4**	**73**	**17**	**3 574**	**刑**
1 501	191	4	1	1	3 448	2 711	650	34	1	43	9	1 220	窃
1	3	1	-	-	10	3	6	-	-	1	-	57	
52	21	2	-	-	138	46	88	1	-	2	1	393	
33	11	1	-	-	30	7	22	-	-	-	1	219	
1	1	-	-	-	7	6	1	-	-	-	-	-	
123	14	-	-	-	586	525	34	19	2	5	1	12	
51	4	-	-	-	167	148	15	3	-	1	-	13	盗
389	48	1	-	-	283	222	53	-	-	6	2	892	
-	-	-	-	-	-	-	-	-	-	-	-	3	
177	27	1	-	-	218	184	23	6	-	5	-	140	
27	2	-	-	-	20	19	-	-	-	1	-	63	
-	-	-	-	-	1	1	-	-	-	-	-	6	殺
-	-	-	-	-	-	-	-	-	-	-	-	6	
1	-	-	-	-	-	-	-	-	-	-	-	74	
-	-	-	-	-	-	-	-	-	-	-	-	-	
-	-	-	-	-	-	-	-	-	-	-	-	-	
-	-	-	-	-	-	-	-	-	-	-	-	1	
-	-	-	-	-	-	-	-	-	-	-	-	-	
10	-	3	-	-	3	2	1	-	-	-	-	60	
-	-	-	-	-	-	-	-	-	-	-	-	-	
-	-	-	-	-	-	-	-	-	-	-	-	-	
83	2	-	-	-	186	175	8	-	-	2	1	139	わ
-	-	-	-	-	2	2	-	-	-	-	-	-	
156	13	-	1	-	251	218	28	3	-	2	-	73	
1	-	-	-	-	1	-	1	-	-	-	-	21	
-	-	-	-	-	1	1	-	-	-	-	-	-	
9	-	-	-	-	74	65	1	6	-	1	1	1	
5	-	-	-	-	8	7	-	1	-	-	-	-	業
-	-	-	-	-	3	2	-	-	-	1	-	-	
82	17	-	-	-	167	126	37	1	1	2	-	64	
15	5	-	-	-	14	10	3	-	-	-	1	34	
68	10	1	-	-	142	128	10	3	-	1	-	83	
777	**49**	**2**	**2**	**-**	**1 548**	**1 355**	**109**	**42**	**3**	**19**	**20**	**622**	**特**
25	1	-	-	-	18	15	2	-	-	1	-	36	
11	2	-	-	-	27	22	4	1	-	-	-	4	
19	3	-	1	-	109	98	5	1	-	5	-	14	
113	10	-	-	-	300	271	20	9	-	-	-	1	軽
5	-	-	-	-	11	11	-	-	-	-	-	1	
4	1	1	-	-	24	22	1	1	-	-	-	8	
17	6	1	-	-	31	2	25	1	1	2	-	275	
1	-	-	1	-	3	-	3	-	-	-	-	78	覚
-	1	-	-	-	27	1	1	4	-	2	19	24	
-	-	-	-	-	-	-	-	-	-	-	-	-	
582	25	-	-	-	998	913	48	25	2	9	1	181	
11	**2**	**4**	**-**	**1**	**20**	**4**	**3**	**-**	**7**	**4**	**2**	**14**	**ぐ**

第15表　一般保護事件の終局総人員

非行	終局 総数	検察官へ送致 総数	検察官へ送致 刑事処分相当	検察官へ送致 年齢超過	保護処分 総数	保護処分 保護観察	保護処分 児童自立支援施設又は児童養護施設へ送致	少年院へ送致 総数	少年院へ送致 第1種	少年院へ送致 第2種	少年院へ送致 第3種	知事又は児童相談所長へ送致 総数	知事又は児童相談所長へ送致 強制	知事又は児童相談所長へ送致 非強制	不…総数
うち女															
総数	**2 542**	**55**	**8**	**47**	**844**	**691**	**27**	**126**	**111**	**1**	**14**	**25**	**6**	**19**	**493**
刑法犯総数	**2 052**	**44**	**6**	**38**	**669**	**578**	**17**	**74**	**65**	**1**	**8**	**15**	**-**	**15**	**442**
窃盗	1 291	22	2	20	375	333	10	32	27	1	4	10	-	10	291
強盗	3	-	-	-	2	1	-	1	1	-	-	-	-	-	-
詐欺	99	1	-	1	50	45	-	5	5	-	-	1	-	1	29
恐喝	69	1	-	1	49	39	-	10	9	-	1	1	-	1	9
横領	3	-	-	-	-	-	-	-	-	-	-	-	-	-	1
遺失物等横領	70	2	-	2	6	6	-	-	-	-	-	-	-	-	10
盗品譲受け等	30	-	-	-	3	3	-	-	-	-	-	-	-	-	9
傷害	168	2	-	2	101	83	3	15	13	-	2	-	-	-	39
傷害致死	-	-	-	-	-	-	-	-	-	-	-	-	-	-	-
暴行	67	1	-	1	20	18	-	2	2	-	-	1	-	1	14
脅迫	7	-	-	-	4	4	-	-	-	-	-	-	-	-	1
殺人（死亡させた罪）	2	1	-	1	1	1	-	-	-	-	-	-	-	-	-
殺人（その他）	6	-	-	-	6	4	1	1	1	-	-	-	-	-	-
強盗致傷	5	2	1	1	2	-	-	2	2	-	-	1	-	1	-
強盗致死	-	-	-	-	-	-	-	-	-	-	-	-	-	-	-
強盗・強制性交等致死	-	-	-	-	-	-	-	-	-	-	-	-	-	-	-
強盗・強制性交等	-	-	-	-	-	-	-	-	-	-	-	-	-	-	-
強制性交等致死	-	-	-	-	-	-	-	-	-	-	-	-	-	-	-
強制性交等	2	-	-	-	1	1	-	-	-	-	-	-	-	-	-
集団強姦致死	-	-	-	-	-	-	-	-	-	-	-	-	-	-	-
集団強姦	-	-	-	-	-	-	-	-	-	-	-	-	-	-	-
わいせつ	38	1	-	1	8	6	2	-	-	-	-	-	-	-	4
賭博	1	-	-	-	1	1	-	-	-	-	-	-	-	-	-
住居侵入	34	-	-	-	6	6	-	-	-	-	-	-	-	-	7
放火	4	-	-	-	3	2	-	1	-	-	1	1	-	1	-
失火	-	-	-	-	-	-	-	-	-	-	-	-	-	-	-
過失致死傷	25	1	-	1	-	-	-	-	-	-	-	-	-	-	1
業務上（重）過失致死傷	6	-	-	-	2	2	-	-	-	-	-	-	-	-	1
往来妨害	-	-	-	-	-	-	-	-	-	-	-	-	-	-	-
器物損壊等	41	1	-	1	9	6	1	2	2	-	-	-	-	-	11
公務執行妨害	3	1	-	1	1	1	-	-	-	-	-	-	-	-	1
その他	78	8	3	5	19	16	-	3	3	-	-	-	-	-	14
特別法犯総数	**421**	**11**	**2**	**9**	**129**	**94**	**-**	**35**	**33**	**-**	**2**	**1**	**-**	**1**	**46**
暴力行為等処罰ニ関スル法律	7	-	-	-	3	3	-	-	-	-	-	1	-	1	2
道路運送車両法	4	2	1	1	1	1	-	-	-	-	-	-	-	-	-
銃砲刀剣類所持等取締法	20	1	-	1	4	3	-	1	1	-	-	-	-	-	2
軽犯罪法	32	-	-	-	5	4	-	1	1	-	-	-	-	-	4
売春防止法	19	-	-	-	3	2	-	1	1	-	-	-	-	-	5
風俗営業等の規制及び業務の適正化等に関する法律等	21	1	-	1	2	2	-	-	-	-	-	-	-	-	2
麻薬及び向精神薬取締法	48	2	-	2	42	34	-	8	7	-	1	-	-	-	1
覚せい剤取締法	40	1	-	1	37	13	-	24	23	-	1	-	-	-	-
出入国管理及び難民認定法	6	1	-	1	-	-	-	-	-	-	-	-	-	-	-
毒物及び劇物取締法	-	-	-	-	-	-	-	-	-	-	-	-	-	-	-
その他	224	3	1	2	32	32	-	-	-	-	-	-	-	-	30
ぐ犯	**69**	**-**	**-**	**-**	**46**	**19**	**10**	**17**	**13**	**-**	**4**	**9**	**6**	**3**	**5**

—終局決定及び受理時身柄付別非行別（うち女）—全家庭裁判所（続き）

決定												総数のうち受理時身柄付	
処分					審判不開始								
保護的措置	別件保護中	非行なし	所在不明等	その他	総数	保護的措置	別件保護中	事案軽微	非行なし	所在不明等	その他		
457	**31**	**4**	**-**	**1**	**1 125**	**990**	**86**	**19**	**3**	**19**	**8**	**397**	**総**
411	**29**	**1**	**-**	**1**	**882**	**776**	**78**	**12**	**1**	**12**	**3**	**283**	**刑**
272	17	1	-	1	593	529	47	6	-	10	1	101	窃
-	-	-	-	-	1	1	-	-	-	-	-	2	
29	-	-	-	-	18	9	9	-	-	-	-	34	
7	2	-	-	-	9	3	5	-	-	-	1	41	
1	-	-	-	-	2	2	-	-	-	-	-	-	
9	1	-	-	-	52	45	2	4	1	-	-	1	
7	2	-	-	-	18	18	-	-	-	-	-	-	盗
36	3	-	-	-	26	22	3	-	-	-	1	55	
-	-	-	-	-	-	-	-	-	-	-	-	-	
12	2	-	-	-	31	27	3	1	-	-	-	11	
1	-	-	-	-	2	2	-	-	-	-	-	1	
-	-	-	-	-	-	-	-	-	-	-	-	1	殺
-	-	-	-	-	-	-	-	-	-	-	-	3	
-	-	-	-	-	-	-	-	-	-	-	-	4	
-	-	-	-	-	-	-	-	-	-	-	-	-	
-	-	-	-	-	-	-	-	-	-	-	-	-	
-	-	-	-	-	-	-	-	-	-	-	-	-	
-	-	-	-	-	-	-	-	-	-	-	-	-	
-	-	-	-	-	1	1	-	-	-	-	-	1	
-	-	-	-	-	-	-	-	-	-	-	-	-	
-	-	-	-	-	-	-	-	-	-	-	-	-	
4	-	-	-	-	25	25	-	-	-	-	-	3	わ
-	-	-	-	-	-	-	-	-	-	-	-	-	
6	1	-	-	-	21	18	2	-	-	1	-	5	
-	-	-	-	-	-	-	-	-	-	-	-	2	
-	-	-	-	-	-	-	-	-	-	-	-	-	
1	-	-	-	-	23	21	1	1	-	-	-	-	
1	-	-	-	-	3	3	-	-	-	-	-	-	業
-	-	-	-	-	-	-	-	-	-	-	-	-	
10	1	-	-	-	20	16	4	-	-	-	-	6	
1	-	-	-	-	-	-	-	-	-	-	-	2	
14	-	-	-	-	37	34	2	-	-	1	-	10	
44	**1**	**1**	**-**	**-**	**234**	**212**	**7**	**7**	**-**	**4**	**4**	**107**	**特**
2	-	-	-	-	1	1	-	-	-	-	-	5	
-	-	-	-	-	1	1	-	-	-	-	-	-	
2	-	-	-	-	13	10	2	-	-	1	-	3	
4	-	-	-	-	23	21	-	2	-	-	-	-	軽
5	-	-	-	-	11	11	-	-	-	-	-	1	
1	-	1	-	-	16	15	-	1	-	-	-	-	
1	-	-	-	-	3	-	2	-	-	1	-	35	
-	-	-	-	-	2	-	2	-	-	-	-	37	覚
-	-	-	-	-	5	-	-	1	-	-	4	6	
-	-	-	-	-	-	-	-	-	-	-	-	-	
29	1	-	-	-	159	153	1	3	-	2	-	20	
2	**1**	**2**	**-**	**-**	**9**	**2**	**1**	**-**	**2**	**3**	**1**	**7**	**ぐ**

第16表　一般保護事件の終局総人員

終局決定	終局 総数	14歳未満	14歳	15歳	16歳	17歳	18歳	19歳
総数	**19 589**	**113**	**800**	**2 215**	**3 467**	**4 038**	**3 596**	**4 976**
検察官へ送致	**489**	**-**	**-**	**-**	**1**	**-**	**11**	**94**
刑事処分相当	99	-	-	-	1	-	11	87
年齢超過	390	-	-	-	-	-	-	7
保護処分	**7 638**	**75**	**319**	**778**	**1 262**	**1 632**	**1 502**	**2 069**
保護観察	5 902	10	210	644	1 030	1 302	1 130	1 576
児童自立支援施設又は児童養護施設へ送致	137	55	59	21	2	-	-	-
少年院へ送致	1 599	10	50	113	230	330	372	493
第1種	1 524	8	47	109	226	320	362	452
第2種	31	-	-	-	-	1	7	23
第3種	44	2	3	4	4	9	3	18
知事又は児童相談所長へ送致	**115**	**32**	**40**	**23**	**16**	**4**	**-**	**-**
強制	13	5	4	2	2	-	-	-
非強制	102	27	36	21	14	4	-	-
不処分	**4 019**	**2**	**155**	**517**	**766**	**863**	**727**	**989**
保護的措置	3 573	2	146	481	702	752	636	854
別件保護中	420	-	5	36	63	107	84	125
非行なし	20	-	4	-	1	3	7	5
所在不明等	4	-	-	-	-	1	-	3
その他	2	-	-	-	-	-	-	2
審判不開始	**7 328**	**4**	**286**	**897**	**1 422**	**1 539**	**1 356**	**1 824**
保護的措置	5 967	4	261	797	1 162	1 271	1 051	1 421
別件保護中	1 093	-	14	87	221	234	246	291
事案軽微	119	-	5	7	13	19	19	56
非行なし	14	-	3	2	5	1	2	1
所在不明等	96	-	1	3	18	10	30	34
その他	39	-	2	1	3	4	8	21

—終局時年齢別終局決定別（うち女）—全家庭裁判所

時		年									齢	
20歳以上	年齢不詳	うち女										
		総数	14歳未満	14歳	15歳	16歳	17歳	18歳	19歳	20歳以上	年齢不詳	
384	-	2 542	11	124	298	478	559	452	574	46	-	総
383	-	55	-	-	-	-	-	-	9	46	-	検
-	-	8	-	-	-	-	-	-	8	-	-	
383	-	47	-	-	-	-	-	-	1	46	-	
1	-	844	6	52	105	155	193	143	190	-	-	保
-	-	691	-	32	81	135	162	116	165	-	-	
-	-	27	6	14	7	-	-	-	-	-	-	
1	-	126	-	6	17	20	31	27	25	-	-	
-	-	111	-	4	15	18	28	25	21	-	-	
-	-	1	-	-	-	-	-	-	1	-	-	
1	-	14	-	2	2	2	3	2	3	-	-	
-	-	25	4	5	5	8	3	-	-	-	-	知
-	-	6	2	1	2	1	-	-	-	-	-	
-	-	19	2	4	3	7	3	-	-	-	-	
-	-	493	-	17	64	106	102	98	106	-	-	不
-	-	457	-	16	60	98	93	90	100	-	-	
-	-	31	-	-	4	8	9	5	5	-	-	
-	-	4	-	1	-	-	-	3	-	-	-	
-	-	-	-	-	-	-	-	-	-	-	-	
-	-	1	-	-	-	-	-	-	1	-	-	
-	-	1 125	1	50	124	209	261	211	269	-	-	審
-	-	990	1	44	116	178	236	184	231	-	-	
-	-	86	-	3	6	21	18	15	23	-	-	
-	-	19	-	1	1	3	3	6	5	-	-	
-	-	3	-	1	1	-	-	1	-	-	-	
-	-	19	-	1	-	6	4	3	5	-	-	
-	-	8	-	-	-	1	-	2	5	-	-	

第17表　一般保護事件の終局人員

年　少（１４歳・１５歳）

本表には，行為時年齢が14歳未満，

非行	終局 総数	検察官送致（刑事処分相当）	保護処分 総数	保護観察	児童自立支援施設又は児童養護施設へ送致	少年院へ送致 総数	第1種	第2種	第3種	知事又は 総数
総数	**5 051**	**1**	**1 677**	**1 400**	**64**	**213**	**206**	**-**	**7**	**58**
刑法犯総数	**4 300**	**1**	**1 485**	**1 257**	**42**	**186**	**182**	**-**	**4**	**43**
窃盗	2 448	-	744	645	16	83	83	-	-	20
強盗	4	-	2	2	-	-	-	-	-	-
詐欺	58	-	24	20	-	4	4	-	-	2
恐喝	40	-	30	27	-	3	3	-	-	1
横領	-	-	-	-	-	-	-	-	-	-
遺失物等横領	177	-	21	21	-	-	-	-	-	1
盗品譲受け等	94	-	14	14	-	-	-	-	-	-
傷害	565	-	312	247	11	54	52	-	2	3
傷害致死	-	-	-	-	-	-	-	-	-	-
暴行	218	-	78	68	2	8	8	-	-	3
脅迫	25	-	11	10	-	1	1	-	-	-
殺人（死亡させた罪）	3	-	3	-	-	3	2	-	1	-
殺人（その他）	2	-	2	1	-	1	1	-	-	-
強盗致傷	5	-	4	4	-	-	-	-	-	-
強盗致死	-	-	-	-	-	-	-	-	-	-
強盗・強制性交等致死	-	-	-	-	-	-	-	-	-	-
強盗・強制性交等	2	1	-	-	-	-	-	-	-	1
強制性交等致死	-	-	-	-	-	-	-	-	-	-
強制性交等	25	-	23	12	3	8	8	-	-	1
集団強姦致死	-	-	-	-	-	-	-	-	-	-
集団強姦	-	-	-	-	-	-	-	-	-	-
わいせつ	214	-	110	93	4	13	13	-	-	7
賭博	-	-	-	-	-	-	-	-	-	-
住居侵入	196	-	44	40	1	3	3	-	-	1
放火	12	-	12	8	1	3	2	-	1	-
失火	-	-	-	-	-	-	-	-	-	-
過失致死傷	23	-	1	1	-	-	-	-	-	-
業務上（重）過失致死傷	4	-	-	-	-	-	-	-	-	-
往来妨害	3	-	1	1	-	-	-	-	-	-
器物損壊等	123	-	33	28	3	2	2	-	-	1
公務執行妨害	9	-	3	3	-	-	-	-	-	1
その他	50	-	13	12	1	-	-	-	-	1
特別法犯総数	**692**	**-**	**149**	**134**	**1**	**14**	**11**	**-**	**3**	**7**
暴力行為等処罰ニ関スル法律	29	-	12	11	1	-	-	-	-	2
道路運送車両法	2	-	2	2	-	-	-	-	-	-
銃砲刀剣類所持等取締法	35	-	3	3	-	-	-	-	-	-
軽犯罪法	200	-	24	24	-	-	-	-	-	1
売春防止法	3	-	1	1	-	-	-	-	-	-
風俗営業等の規制及び業務の適正化等に関する法律等	3	-	1	1	-	-	-	-	-	-
麻薬及び向精神薬取締法等	16	-	13	9	-	4	1	-	3	-
覚せい剤取締法	3	-	3	-	-	3	3	-	-	-
出入国管理及び難民認定法	-	-	-	-	-	-	-	-	-	-
毒物及び劇物取締法	-	-	-	-	-	-	-	-	-	-
その他	401	-	90	83	-	7	7	-	-	4
ぐ犯	**59**	**-**	**43**	**9**	**21**	**13**	**13**	**-**	**-**	**8**

—行為時年齢及び終局決定別非行別—全家庭裁判所

20 歳以上の者及び年齢不詳の者は含まれていない。

決定									
児童相談所長へ送致		不処分			審判不開始				
強制	非強制	総数	保護的措置	別件保護中	総数	保護的措置	別件保護中	事案軽微	
6	**52**	**1 195**	**1 103**	**92**	**2 120**	**1 840**	**262**	**18**	**総**
-	**43**	**1 001**	**914**	**87**	**1 770**	**1 505**	**249**	**16**	**刑**
-	20	551	504	47	1 133	941	181	11	窃
-	-	1	1	-	1	-	1	-	
-	2	12	9	3	20	14	6	-	
-	1	6	5	1	3	-	3	-	
-	-	-	-	-	-	-	-	-	
-	1	32	27	5	123	114	9	-	
-	-	19	18	1	61	54	7	-	盗
-	3	155	145	10	95	84	11	-	
-	-	-	-	-	-	-	-	-	
-	3	69	64	5	68	61	5	2	
-	-	5	5	-	9	9	-	-	
-	-	-	-	-	-	-	-	-	殺
-	-	-	-	-	-	-	-	-	
-	-	1	1	-	-	-	-	-	
-	-	-	-	-	-	-	-	-	
-	-	-	-	-	-	-	-	-	
-	1	-	-	-	-	-	-	-	
-	-	-	-	-	-	-	-	-	
-	1	-	-	-	1	-	1	-	
-	-	-	-	-	-	-	-	-	
-	-	-	-	-	-	-	-	-	
-	7	33	32	1	64	62	2	-	わ
-	-	-	-	-	-	-	-	-	
-	1	59	53	6	92	82	10	-	
-	-	-	-	-	-	-	-	-	
-	-	-	-	-	-	-	-	-	
-	-	4	4	-	18	15	1	2	
-	-	1	1	-	3	2	-	1	業
-	-	-	-	-	2	2	-	-	
-	1	36	30	6	53	42	11	-	
-	1	3	2	1	2	2	-	-	
-	1	14	13	1	22	21	1	-	
-	**7**	**189**	**185**	**4**	**347**	**333**	**12**	**2**	**特**
-	2	5	5	-	10	10	-	-	
-	-	-	-	-	-	-	-	-	
-	-	8	7	1	24	24	-	-	
-	1	59	56	3	116	111	3	2	軽
-	-	1	1	-	1	1	-	-	
-	-	-	-	-	2	2	-	-	
-	-	-	-	-	3	-	3	-	
-	-	-	-	-	-	-	-	-	覚
-	-	-	-	-	-	-	-	-	
-	-	-	-	-	-	-	-	-	
-	4	116	116	-	191	185	6	-	
6	**2**	**5**	**4**	**1**	**3**	**2**	**1**	**-**	**ぐ**

第17表　一般保護事件の終局人員

中　間（16歳・17歳）

非行	終局 総数	検察官送致（刑事処分相当）	保護処分 総数	保護観察	児童自立支援施設又は児童養護施設へ送致	少年院へ送致 総数	第1種	第2種	第3種	知事又は… 総数
総数	**7 619**	**5**	**3 077**	**2 456**	**1**	**620**	**606**	**1**	**13**	**13**
刑法犯総数	**6 411**	**5**	**2 635**	**2 081**	**-**	**554**	**544**	**1**	**9**	**10**
窃盗	3 437	2	1 177	991	-	186	182	-	4	4
強盗	23	-	20	7	-	13	13	-	-	-
詐欺	304	1	194	121	-	73	72	-	1	-
恐喝	173	1	131	86	-	45	43	-	2	1
横領	5	-	2	2	-	-	-	-	-	-
遺失物等横領	349	-	34	31	-	3	3	-	-	-
盗品譲受け等	111	-	14	14	-	-	-	-	-	-
傷害	838	-	584	452	-	132	132	-	-	2
傷害致死	2	-	2	-	-	2	2	-	-	-
暴行	218	-	80	72	-	8	7	-	1	2
脅迫	43	-	27	25	-	2	2	-	-	-
殺人（死亡させた罪）	2	-	1	-	-	1	-	-	1	-
殺人（その他）	4	-	4	2	-	2	2	-	-	-
強盗致傷	37	-	36	14	-	22	21	1	-	1
強盗致死	-	-	-	-	-	-	-	-	-	-
強盗・強制性交等致死	-	-	-	-	-	-	-	-	-	-
強盗・強制性交等	-	-	-	-	-	-	-	-	-	-
強制性交等致死	-	-	-	-	-	-	-	-	-	-
強制性交等	44	-	36	18	-	18	18	-	-	-
集団強姦致死	-	-	-	-	-	-	-	-	-	-
集団強姦	-	-	-	-	-	-	-	-	-	-
わいせつ	216	1	101	84	-	17	17	-	-	-
賭博	1	-	1	1	-	-	-	-	-	-
住居侵入	244	-	62	60	-	2	2	-	-	-
放火	8	-	7	4	-	3	3	-	-	-
失火	-	-	-	-	-	-	-	-	-	-
過失致死傷	29	-	2	2	-	-	-	-	-	-
業務上（重）過失致死傷	6	-	1	1	-	-	-	-	-	-
往来妨害	3	-	3	3	-	-	-	-	-	-
器物損壊等	136	-	37	28	-	9	9	-	-	-
公務執行妨害	28	-	19	14	-	5	5	-	-	-
その他	150	-	60	49	-	11	11	-	-	-
特別法犯総数	**1 160**	**-**	**403**	**355**	**-**	**48**	**47**	**-**	**1**	**1**
暴力行為等処罰ニ関スル法律	43	-	26	25	-	1	1	-	-	1
道路運送車両法	54	-	27	25	-	2	2	-	-	-
銃砲刀剣類所持等取締法	55	-	11	9	-	2	2	-	-	-
軽犯罪法	187	-	43	41	-	2	2	-	-	-
売春防止法	12	-	2	1	-	1	1	-	-	-
風俗営業等の規制及び業務の適正化等に関する法律等	8	-	-	-	-	-	-	-	-	-
麻薬及び向精神薬取締法等	110	-	93	74	-	19	19	-	-	-
覚せい剤取締法	23	-	21	7	-	14	13	-	1	-
出入国管理及び難民認定法	1	-	-	-	-	-	-	-	-	-
毒物及び劇物取締法	1	-	1	1	-	-	-	-	-	-
その他	666	-	179	172	-	7	7	-	-	-
ぐ犯	**48**	**-**	**39**	**20**	**1**	**18**	**15**	**-**	**3**	**2**

—行為時年齢及び終局決定別非行別—全家庭裁判所（続き）

決定									
児童相談所長へ送致		不処分			審判不開始				
強制	非強制	総数	保護的措置	別件保護中	総数	保護的措置	別件保護中	事案軽微	
2	11	1 648	1 459	189	2 876	2 360	483	33	総
1	9	1 338	1 164	174	2 423	1 956	443	24	刑
-	4	761	668	93	1 493	1 199	282	12	窃
-	-	1	-	1	2	2	-	-	
-	-	36	24	12	73	25	48	-	
-	1	24	19	5	16	3	13	-	
-	-	1	-	1	2	1	1	-	
-	-	72	66	6	243	217	18	8	
-	-	28	26	2	69	62	7	-	盗
1	1	154	130	24	98	72	26	-	
-	-	-	-	-	-	-	-	-	
-	2	61	52	9	75	64	11	-	
-	-	12	10	2	4	4	-	-	
-	-	-	-	-	1	1	-	-	殺
-	-	-	-	-	-	-	-	-	
-	1	-	-	-	-	-	-	-	
-	-	-	-	-	-	-	-	-	
-	-	-	-	-	-	-	-	-	
-	-	-	-	-	-	-	-	-	
-	-	-	-	-	-	-	-	-	
-	-	8	8	-	-	-	-	-	
-	-	-	-	-	-	-	-	-	
-	-	-	-	-	-	-	-	-	
-	-	31	31	-	83	79	4	-	わ
-	-	-	-	-	-	-	-	-	
-	-	71	65	6	111	97	11	3	
-	-	-	-	-	1	-	1	-	
-	-	-	-	-	-	-	-	-	
-	-	-	-	-	27	26	-	1	
-	-	1	1	-	4	4	-	-	業
-	-	-	-	-	-	-	-	-	
-	-	41	33	8	58	44	14	-	
-	-	5	4	1	4	2	2	-	
-	-	31	27	4	59	54	5	-	
-	1	304	290	14	452	404	39	9	特
-	1	13	13	-	3	1	2	-	
-	-	8	7	1	19	15	4	-	
-	-	5	4	1	39	36	2	1	
-	-	42	41	1	102	88	9	5	軽
-	-	2	2	-	8	8	-	-	
-	-	1	1	-	7	7	-	-	
-	-	10	8	2	7	1	6	-	
-	-	1	1	-	1	-	1	-	覚
-	-	1	-	1	-	-	-	-	
-	-	-	-	-	-	-	-	-	
-	-	221	213	8	266	248	15	3	
1	1	6	5	1	1	-	1	-	ぐ

第17表　一般保護事件の終局人員

年　長（18歳・19歳）

非行	終局 総数	検察官送致（刑事処分相当）	保護処分 総数	保護観察	児童自立支援施設又は児童養護施設へ送致	少年院へ送致 総数	第1種	第2種	第3種	知事又は 総数
総数	**6 190**	**93**	**2 775**	**2 029**	**-**	**746**	**696**	**30**	**20**	**-**
刑法犯総数	**4 523**	**64**	**2 181**	**1 555**	**-**	**626**	**582**	**30**	**14**	**-**
窃盗	2 072	17	909	672	-	237	219	11	7	-
強盗	39	3	28	8	-	20	19	1	-	-
詐欺	316	12	237	143	-	94	92	2	-	-
恐喝	124	2	98	64	-	34	30	3	1	-
横領	6	-	-	-	-	-	-	-	-	-
遺失物等横領	264	1	18	18	-	-	-	-	-	-
盗品譲受け等	50	-	6	4	-	2	2	-	-	-
傷害	654	9	437	299	-	138	128	5	5	-
傷害致死	1	1	-	-	-	-	-	-	-	-
暴行	232	-	88	76	-	12	11	1	-	-
脅迫	67	-	49	43	-	6	6	-	-	-
殺人（死亡させた罪）	2	-	2	1	-	1	1	-	-	-
殺人（その他）	3	-	3	2	-	1	1	-	-	-
強盗致傷	30	4	26	6	-	20	18	2	-	-
強盗致死	-	-	-	-	-	-	-	-	-	-
強盗・強制性交等致死	-	-	-	-	-	-	-	-	-	-
強盗・強制性交等	-	-	-	-	-	-	-	-	-	-
強制性交等致死	-	-	-	-	-	-	-	-	-	-
強制性交等	18	2	16	6	-	10	9	1	-	-
集団強姦致死	-	-	-	-	-	-	-	-	-	-
集団強姦	-	-	-	-	-	-	-	-	-	-
わいせつ	126	1	69	57	-	12	12	-	-	-
賭博	3	-	1	1	-	-	-	-	-	-
住居侵入	140	-	55	48	-	7	6	1	-	-
放火	6	-	5	3	-	2	2	-	-	-
失火	1	-	-	-	-	-	-	-	-	-
過失致死傷	36	-	4	4	-	-	-	-	-	-
業務上（重）過失致死傷	5	-	1	1	-	-	-	-	-	-
往来妨害	-	-	-	-	-	-	-	-	-	-
器物損壊等	115	-	40	31	-	9	8	-	1	-
公務執行妨害	34	-	15	12	-	3	3	-	-	-
その他	179	12	74	56	-	18	15	3	-	-
特別法犯総数	**1 635**	**29**	**566**	**456**	**-**	**110**	**105**	**-**	**5**	**-**
暴力行為等処罰ニ関スル法律	23	-	11	9	-	2	2	-	-	-
道路運送車両法	30	4	13	13	-	-	-	-	-	-
銃砲刀剣類所持等取締法	63	-	13	12	-	1	1	-	-	-
軽犯罪法	109	-	5	5	-	-	-	-	-	-
売春防止法	4	-	-	-	-	-	-	-	-	-
風俗営業等の規制及び業務の適正化等に関する法律等	26	-	7	7	-	-	-	-	-	-
麻薬及び向精神薬取締法等	288	3	254	188	-	66	64	-	2	-
覚せい剤取締法	53	7	44	17	-	27	24	-	3	-
出入国管理及び難民認定法	6	-	-	-	-	-	-	-	-	-
毒物及び劇物取締法	-	-	-	-	-	-	-	-	-	-
その他	1 033	15	219	205	-	14	14	-	-	-
ぐ犯	**32**	**-**	**28**	**18**	**-**	**10**	**9**	**-**	**1**	**-**

—行為時年齢及び終局決定別非行別—全家庭裁判所（続き）

決定									
児童相談所長へ送致		不処分			審判不開始				
強制	非強制	総数	保護的措置	別件保護中	総数	保護的措置	別件保護中	事案軽微	
-	**-**	**1 144**	**1 005**	**139**	**2 178**	**1 762**	**348**	**68**	**総**
-	**-**	**810**	**702**	**108**	**1 468**	**1 142**	**289**	**37**	**刑**
-	-	378	327	51	768	570	187	11	窃
-	-	2	-	2	6	1	5	-	
-	-	25	19	6	42	7	34	1	
-	-	14	9	5	10	4	6	-	
-	-	1	1	-	5	5	-	-	
-	-	33	30	3	212	194	7	11	
-	-	8	7	1	36	32	1	3	盗
-	-	128	114	14	80	64	16	-	
-	-	-	-	-	-	-	-	-	
-	-	74	61	13	70	59	7	4	
-	-	12	12	-	6	6	-	-	
-	-	-	-	-	-	-	-	-	殺
-	-	-	-	-	-	-	-	-	
-	-	-	-	-	-	-	-	-	
-	-	-	-	-	-	-	-	-	
-	-	-	-	-	-	-	-	-	
-	-	-	-	-	-	-	-	-	
-	-	-	-	-	-	-	-	-	
-	-	-	-	-	-	-	-	-	
-	-	-	-	-	-	-	-	-	
-	-	-	-	-	-	-	-	-	
-	-	20	19	1	36	34	2	-	わ
-	-	-	-	-	2	2	-	-	
-	-	39	38	1	46	39	7	-	
-	-	1	1	-	-	-	-	-	
-	-	-	-	-	1	1	-	-	
-	-	5	5	-	27	24	-	3	
-	-	3	3	-	1	1	-	-	業
-	-	-	-	-	-	-	-	-	
-	-	22	19	3	53	40	12	1	
-	-	12	9	3	7	6	1	-	
-	-	33	28	5	60	53	4	3	
-	**-**	**333**	**302**	**31**	**707**	**618**	**58**	**31**	**特**
-	-	8	7	1	4	4	-	-	
-	-	5	4	1	8	7	-	1	
-	-	9	8	1	41	38	3	-	
-	-	22	16	6	82	72	8	2	軽
-	-	2	2	-	2	2	-	-	
-	-	4	3	1	15	13	1	1	
-	-	13	9	4	18	1	16	1	
-	-	-	-	-	2	-	2	-	覚
-	-	-	-	-	6	1	1	4	
-	-	-	-	-	-	-	-	-	
-	-	270	253	17	529	480	27	22	
-	**-**	**1**	**1**	**-**	**3**	**2**	**1**	**-**	**ぐ**

第18表　一般保護事件の終局人員のうち保護観察に付された人員及び少年院へ送致された人員—処遇勧告別非行別—全家庭裁判所

非行	保護観察 総数	保護観察 うち一般短期処遇勧告あり	少年院へ送致 総数	少年院へ送致 処遇勧告なし	処遇勧告あり1) 総数	処遇勧告 総数	処遇勧告 短期間	処遇勧告 特別短期間	処遇勧告 比較的短期間	処遇勧告 その他
総数	**5 902**	**1 325**	**1 599**	**1 251**	**348**	**351**	**258**	**3**	**6**	**84**
刑法犯総数	**4 910**	**1 123**	**1 382**	**1 069**	**313**	**315**	**237**	**2**	**5**	**71**
窃盗	2 316	649	507	406	101	103	80	-	1	22
強盗	17	2	33	24	9	9	4	-	1	4
詐欺	284	27	171	133	38	38	35	-	1	2
恐喝	177	18	82	67	15	15	9	-	-	6
横領	2	1	-	-	-	-	-	-	-	-
遺失物等横領	70	29	3	3	-	-	-	-	-	-
盗品譲受け等	32	9	2	1	1	1	-	-	-	1
傷害	998	184	330	247	83	83	70	1	1	11
傷害致死	-	-	2	-	2	2	-	-	-	2
暴行	216	57	28	24	4	4	3	-	-	1
脅迫	78	10	9	7	2	2	2	-	-	-
殺人（死亡させた罪）	1	1	5	1	4	4	-	-	-	4
殺人（その他）	6	-	4	4	-	-	-	-	-	-
強盗致傷	24	-	42	27	15	15	5	-	-	10
強盗致死	-	-	-	-	-	-	-	-	-	-
強盗・強制性交等致死	-	-	-	-	-	-	-	-	-	-
強盗・強制性交等	-	-	-	-	-	-	-	-	-	-
強制性交等致死	-	-	-	-	-	-	-	-	-	-
強制性交等	38	6	37	25	12	12	8	-	1	3
集団強姦致死	-	-	-	-	-	-	-	-	-	-
集団強姦	-	-	-	-	-	-	-	-	-	-
わいせつ	239	33	47	40	7	7	6	-	-	1
賭博	2	1	-	-	-	-	-	-	-	-
住居侵入	148	42	12	10	2	2	2	-	-	-
放火	16	-	9	6	3	3	1	-	-	2
失火	-	-	-	-	-	-	-	-	-	-
過失致死傷	7	2	-	-	-	-	-	-	-	-
業務上（重）過失致死傷	2	-	-	-	-	-	-	-	-	-
往来妨害	4	-	1	1	-	-	-	-	-	-
器物損壊等	87	29	21	14	7	7	5	1	-	1
公務執行妨害	29	3	8	4	4	4	4	-	-	-
その他	117	20	29	25	4	4	3	-	-	1
特別法犯総数	**945**	**200**	**173**	**144**	**29**	**30**	**19**	**1**	**1**	**9**
暴力行為等処罰ニ関スル法律	45	13	3	2	1	1	-	1	-	-
道路運送車両法	40	-	2	2	-	-	-	-	-	-
銃砲刀剣類所持等取締法	24	4	3	2	1	1	1	-	-	-
軽犯罪法	70	31	2	2	-	-	-	-	-	-
売春防止法	2	-	1	1	-	-	-	-	-	-
風俗営業等の規制及び業務の適正化等に関する法律等	8	1	-	-	-	-	-	-	-	-
麻薬及び向精神薬取締法等	271	16	89	71	18	19	14	-	1	4
覚せい剤取締法	24	-	45	39	6	6	1	-	-	5
出入国管理及び難民認定法	-	-	-	-	-	-	-	-	-	-
毒物及び劇物取締法	1	1	-	-	-	-	-	-	-	-
その他	460	134	28	25	3	3	3	-	-	-
ぐ犯	**47**	**2**	**44**	**38**	**6**	**6**	**2**	**-**	**-**	**4**

1）「処遇勧告」のうち「その他」は，「短期間」，「特別短期間」及び「比較的短期間」と重複してなされる場合があるので，「処遇勧告あり」の「総数」と「処遇勧告」の「総数」とは必ずしも一致しない。

第19表　一般保護事件の終局人員のうち保護観察に付された人員及び少年院へ送致された人員—処遇勧告別行為時年齢別（うち前処分あり）—全家庭裁判所

行為時年齢	保護観察 総数	保護観察 うち一般短期処遇勧告あり	少年院へ送致 総数	少年院へ送致 処遇勧告なし	処遇勧告あり1) 総数	処遇勧告 総数	処遇勧告 短期間	処遇勧告 特別短期間	処遇勧告 比較短期的間	処遇勧告 その他
総数	**5 902**	**1 325**	**1 599**	**1 251**	**348**	**351**	**258**	**3**	**6**	**84**
14歳未満	17	1	19	15	4	4	2	–	–	2
14歳	563	188	71	54	17	17	13	–	–	4
15歳	837	239	142	116	26	26	21	–	1	4
16歳	1 254	314	271	201	70	72	57	–	–	15
17歳	1 202	239	349	284	65	66	50	1	2	13
18歳	1 116	185	396	314	82	82	61	1	–	20
19歳	913	159	350	267	83	83	54	1	3	25
20歳以上	–	–	1	–	1	1	–	–	–	1
年齢不詳	–	–	–	–	–	–	–	–	–	–
うち前処分あり2)										
総数	**2 089**	**336**	**1 097**	**883**	**214**	**216**	**154**	**1**	**5**	**56**
14歳未満	–	–	3	2	1	1	–	–	–	1
14歳	53	13	17	12	5	5	5	–	–	–
15歳	224	48	85	67	18	18	16	–	1	1
16歳	445	87	176	140	36	37	31	–	–	6
17歳	467	82	244	207	37	38	28	1	1	8
18歳	472	54	303	245	58	58	39	–	–	19
19歳	428	52	268	210	58	58	35	–	3	20
20歳以上	–	–	1	–	1	1	–	–	–	1
年齢不詳	–	–	–	–	–	–	–	–	–	–

1)　第18表脚注1）参照
2)　前処分とは，前件が一般保護事件のうち，（無免許）過失運転致死傷，（無免許）過失運転致死傷アルコール等影響発覚免脱，車両運転による（業務上・重）過失致死傷，自動車運転過失致死傷及び（無免許）危険運転致死傷以外のものである。

第20表　一般保護事件の終局人員のうち受理時身柄付の人員—行為時年齢別終局決定別—全家庭裁判所

終局決定	総数	14歳未満	14歳	15歳	16歳	17歳	18歳	19歳	20歳以上	年齢不詳
総数	**4 061**	**25**	**182**	**370**	**708**	**865**	**968**	**943**	**–**	**–**
検察官へ送致（刑事処分相当）	**42**	**–**	**–**	**1**	**–**	**1**	**12**	**28**	**–**	**–**
保護処分	**3 687**	**21**	**170**	**348**	**662**	**798**	**870**	**818**	**–**	**–**
保護観察	2 336	2	103	237	456	508	530	500	–	–
児童自立支援施設又は児童養護施設へ送致	39	13	22	4	–	–	–	–	–	–
少年院へ送致	1 312	6	45	107	206	290	340	318	–	–
第1種	1 251	4	43	103	203	284	328	286	–	–
第2種	29	–	–	–	–	1	9	19	–	–
第3種	32	2	2	4	3	5	3	13	–	–
知事又は児童相談所長へ送致	**16**	**4**	**3**	**1**	**7**	**1**	**–**	**–**	**–**	**–**
強制	1	–	–	–	1	–	–	–	–	–
非強制	15	4	3	1	6	1	–	–	–	–
不処分	**219**	**–**	**7**	**13**	**30**	**49**	**54**	**66**	**–**	**–**
保護的措置	168	–	6	9	23	31	42	57	–	–
別件保護中	51	–	1	4	7	18	12	9	–	–
審判不開始	**97**	**–**	**2**	**7**	**9**	**16**	**32**	**31**	**–**	**–**
保護的措置	71	–	2	4	7	11	20	27	–	–
別件保護中	20	–	–	3	2	5	8	2	–	–
事案軽微	6	–	–	–	–	–	4	2	–	–

第21表　一般保護事件の終局人員

行為時年齢	総数	刑法 総数	窃盗	強盗	詐欺	恐喝	横領	遺失物等横領	盗品譲受け等	傷害	傷害致死	暴行	脅迫	殺人 死亡させた罪	殺人 その他	強盗致傷	強盗致死	強盗・強制性交等致死	強盗・強制性交等	強制性交等致死	強制性交等	集団強姦致死	集団強姦
総数	**19 024**	**15 367**	**7 988**	**66**	**679**	**338**	**11**	**790**	**255**	**2 076**	**3**	**670**	**135**	**7**	**12**	**72**	**-**	**-**	**2**	**-**	**117**	**-**	**-**
14歳未満	163	133	31	-	1	1	-	-	-	19	-	2	-	-	3	-	-	-	-	-	30	-	-
14歳	2 065	1 768	967	3	22	8	-	58	31	258	-	99	9	1	2	1	-	-	-	-	17	-	-
15歳	2 986	2 532	1 481	1	36	32	-	119	63	307	-	119	16	2	-	4	-	-	2	-	8	-	-
16歳	4 013	3 461	1 986	12	117	76	-	190	65	418	1	105	18	2	2	23	-	-	-	-	19	-	-
17歳	3 606	2 950	1 451	11	187	97	5	159	46	420	1	113	25	-	2	14	-	-	-	-	25	-	-
18歳	3 320	2 510	1 169	29	170	81	3	127	32	354	-	122	34	1	2	17	-	-	-	-	11	-	-
19歳	2 870	2 013	903	10	146	43	3	137	18	300	1	110	33	1	1	13	-	-	-	-	7	-	-
20歳以上	1	-	-	-	-	-	-	-	-	-	-	-	-	-	-	-	-	-	-	-	-	-	-
年齢不詳	-	-	-	-	-	-	-	-	-	-	-	-	-	-	-	-	-	-	-	-	-	-	-
うち女																							
総数	**2 460**	**1 996**	**1 258**	**3**	**98**	**67**	**3**	**67**	**30**	**165**	**-**	**66**	**7**	**1**	**6**	**4**	**-**	**-**	**-**	**-**	**2**	**-**	**-**
14歳未満	16	11	6	-	-	-	-	-	-	1	-	-	-	-	1	-	-	-	-	-	1	-	-
14歳	289	246	169	-	7	2	-	8	4	24	-	11	1	-	1	-	-	-	-	-	-	-	-
15歳	423	365	240	-	10	8	-	11	9	34	-	11	-	-	-	-	-	-	-	-	-	-	-
16歳	533	467	301	2	22	17	-	14	8	43	-	12	-	-	1	1	-	-	-	-	-	-	-
17歳	486	385	221	-	30	15	1	17	4	31	-	12	2	-	-	-	-	-	-	-	1	-	-
18歳	376	274	162	1	13	21	2	6	3	16	-	15	2	1	2	1	-	-	-	-	-	-	-
19歳	337	248	159	-	16	4	-	11	2	16	-	5	2	-	1	2	-	-	-	-	-	-	-
20歳以上	-	-	-	-	-	-	-	-	-	-	-	-	-	-	-	-	-	-	-	-	-	-	-
年齢不詳	-	-	-	-	-	-	-	-	-	-	-	-	-	-	-	-	-	-	-	-	-	-	-

第22表　一般保護事件の終局人員のうちぐ犯の人員

行為時年齢	ぐ犯 総数	持出し	怠学	怠勤	不純異性交遊	凶器携帯	家出	不良交友
総数	**164**	**10**	**2**	**-**	**13**	**-**	**9**	**8**
14歳未満	24	1	-	-	2	-	1	-
14歳	27	3	-	-	2	-	2	1
15歳	32	3	1	-	3	-	2	-
16歳	25	1	1	-	2	-	1	-
17歳	23	1	-	-	3	-	3	1
18歳	17	-	-	-	-	-	-	3
19歳	15	1	-	-	1	-	-	3
20歳以上	1	-	-	-	-	-	-	-
年齢不詳	-	-	-	-	-	-	-	-
うち女								
総数	**61**	**3**	**-**	**-**	**8**	**-**	**9**	**1**
14歳未満	5	1	-	-	-	-	1	-
14歳	7	-	-	-	1	-	2	-
15歳	15	2	-	-	1	-	2	-
16歳	12	-	-	-	2	-	1	-
17歳	14	-	-	-	3	-	3	1
18歳	5	-	-	-	-	-	-	-
19歳	3	-	-	-	1	-	-	-
20歳以上	-	-	-	-	-	-	-	-
年齢不詳	-	-	-	-	-	-	-	-

—非行別行為時年齢別（うち女）—全家庭裁判所

犯											特別法犯												ぐ犯	
わいせつ	賭博	住居侵入	放火	失火	過失致死傷	業務上（重）過失致死傷	往来妨害	器物損壊等	公務執行妨害	その他	総数	暴力行為等処罰ニ関スル法律	道路運送車両法	銃砲刀剣類所持等取締法	軽犯罪法	売春防止法	風俗営業等の規制及び業務の適正化等に関する法律等	麻薬及び向精神薬取締法等	覚せい剤取締法	出入国管理及び難民認定法	毒物及び劇物取締法	その他		
585	**4**	**580**	**35**	**1**	**88**	**15**	**8**	**378**	**71**	**381**	**3 493**	**96**	**86**	**153**	**496**	**19**	**37**	**414**	**81**	**7**	**1**	**2 103**	**164**	**総**
29	–	–	9	–	–	–	2	4	–	2	6	1	–	–	–	–	–	–	2	–	–	3	24	未
99	–	94	10	–	3	–	2	57	2	25	270	11	1	14	76	2	–	–	1	–	–	165	27	14
115	–	102	2	–	20	4	1	66	7	25	422	18	1	21	124	1	3	16	2	–	–	236	32	
106	–	141	5	–	19	4	–	74	11	67	527	26	22	26	82	3	4	37	7	–	–	320	25	
110	1	103	3	–	10	2	3	62	17	83	633	17	32	29	105	9	4	73	16	1	1	346	23	
68	–	85	3	–	21	2	–	59	22	98	793	10	16	28	70	2	9	120	23	4	–	511	17	
58	3	55	3	1	15	3	–	56	12	81	842	13	14	35	39	2	17	168	30	2	–	522	15	
–	–	–	–	–	–	–	–	–	–	–	–	–	–	–	–	–	–	–	–	–	–	–	1	20
–	–	–	–	–	–	–	–	–	–	–	–	–	–	–	–	–	–	–	–	–	–	–	–	
37	**1**	**33**	**4**	**-**	**24**	**6**	**-**	**40**	**2**	**72**	**403**	**7**	**3**	**18**	**32**	**19**	**19**	**45**	**39**	**1**	**-**	**220**	**61**	**総**
1	–	–	1	–	–	–	–	–	–	–	–	–	–	–	–	–	–	–	–	–	–	–	5	未
6	–	3	2	–	2	–	–	4	–	2	36	–	–	–	9	2	–	–	1	–	–	24	7	14
11	–	8	–	–	7	1	–	9	1	5	43	1	–	3	2	1	3	2	2	–	–	29	15	
7	–	13	–	–	5	2	–	5	–	14	54	2	1	5	5	3	3	2	7	–	–	26	12	
8	–	3	–	–	4	–	–	12	1	23	87	1	–	5	3	9	3	10	8	–	–	48	14	
1	–	3	1	–	4	2	–	5	–	13	97	1	–	2	10	2	4	18	4	1	–	55	5	
3	1	3	–	–	2	1	–	5	–	15	86	2	2	3	3	2	6	13	17	–	–	38	3	
–	–	–	–	–	–	–	–	–	–	–	–	–	–	–	–	–	–	–	–	–	–	–	–	20
–	–	–	–	–	–	–	–	–	–	–	–	–	–	–	–	–	–	–	–	–	–	–	–	

—ぐ犯の態様別行為時年齢別（うち女）—全家庭裁判所

の態様									
はいかい盛り場	飲酒	喫煙	浪費	不健全娯楽	けんか	夜遊び	浮浪	その他	
–	**–**	**–**	**–**	**1**	**3**	**–**	**–**	**118**	**総**
–	–	–	–	–	–	–	–	20	未
–	–	–	–	–	1	–	–	18	14
–	–	–	–	–	2	–	–	21	
–	–	–	–	–	–	–	–	20	
–	–	–	–	–	–	–	–	15	
–	–	–	–	–	–	–	–	14	
–	–	–	–	1	–	–	–	9	
–	–	–	–	–	–	–	–	1	20
–	–	–	–	–	–	–	–	–	
–	**–**	**–**	**–**	**–**	**1**	**–**	**–**	**39**	**総**
–	–	–	–	–	–	–	–	3	未
–	–	–	–	–	–	–	–	4	14
–	–	–	–	–	1	–	–	9	
–	–	–	–	–	–	–	–	9	
–	–	–	–	–	–	–	–	7	
–	–	–	–	–	–	–	–	5	
–	–	–	–	–	–	–	–	2	
–	–	–	–	–	–	–	–	–	20
–	–	–	–	–	–	–	–	–	

第23表　一般保護事件の終局総人員

終局決定	ぐ犯 総数	持出し	怠学	怠勤	不純異性交遊	凶器携帯	家出
総数	182	10	2	-	17	-	13
保護処分	124	7	1	-	9	-	9
保護観察	47	2	-	-	4	-	2
児童自立支援施設又は児童養護施設へ送致	33	3	-	-	1	-	3
少年院へ送致	44	2	1	-	4	-	4
第1種	38	2	1	-	4	-	3
第2種	-	-	-	-	-	-	-
第3種	6	-	-	-	-	-	1
知事又は児童相談所長へ送致	20	1	-	-	3	-	-
強制	12	-	-	-	-	-	-
非強制	8	1	-	-	3	-	-
不処分	18	1	1	-	2	-	3
保護的措置	11	-	1	-	1	-	-
別件保護中	2	1	-	-	-	-	-
非行なし	4	-	-	-	1	-	3
所在不明等	-	-	-	-	-	-	-
その他	1	-	-	-	-	-	-
審判不開始	20	1	-	-	3	-	1
保護的措置	4	1	-	-	-	-	-
別件保護中	3	-	-	-	-	-	-
事案軽微	-	-	-	-	-	-	-
非行なし	7	-	-	-	1	-	1
所在不明等	4	-	-	-	1	-	-
その他	2	-	-	-	1	-	-

のうちぐ犯の人員—ぐ犯の態様別終局決定別—全家庭裁判所

の			態			様				
不良交友	盛り場はいかい	飲酒	喫煙	浪費	不健全娯楽	けんか	夜遊び	浮浪	その他	
10	**-**	**-**	**-**	**-**	**1**	**3**	**-**	**-**	**126**	**総**
6	**-**	**-**	**-**	**-**	**1**	**3**	**-**	**-**	**88**	**保**
4	-	-	-	-	1	1	-	-	33	
-	-	-	-	-	-	2	-	-	24	
2	-	-	-	-	-	-	-	-	31	少
2	-	-	-	-	-	-	-	-	26	
-	-	-	-	-	-	-	-	-	-	
-	-	-	-	-	-	-	-	-	5	
-	**-**	**-**	**-**	**-**	**-**	**-**	**-**	**-**	**16**	**知**
-	-	-	-	-	-	-	-	-	12	
-	-	-	-	-	-	-	-	-	4	
1	**-**	**-**	**-**	**-**	**-**	**-**	**-**	**-**	**10**	**不**
1	-	-	-	-	-	-	-	-	8	
-	-	-	-	-	-	-	-	-	1	
-	-	-	-	-	-	-	-	-	-	
-	-	-	-	-	-	-	-	-	-	
-	-	-	-	-	-	-	-	-	1	
3	**-**	**-**	**-**	**-**	**-**	**-**	**-**	**-**	**12**	**審**
1	-	-	-	-	-	-	-	-	2	
-	-	-	-	-	-	-	-	-	3	
-	-	-	-	-	-	-	-	-	-	
2	-	-	-	-	-	-	-	-	3	
-	-	-	-	-	-	-	-	-	3	
-	-	-	-	-	-	-	-	-	1	

第24表　一般保護事件の終局総人員

非行	審理期 総数	1月以内	3月以内	6月以内
総数	**19 589**	**4 741**	**8 164**	**5 934**
刑法犯総数	**15 764**	**3 757**	**6 525**	**4 829**
窃盗	8 152	1 536	3 691	2 619
強盗	71	40	12	13
詐欺	714	351	180	144
恐喝	343	158	95	75
横領	11	-	8	3
遺失物等横領	818	163	477	169
盗品譲受け等	257	34	141	75
傷害	2 137	688	652	674
傷害致死	3	3	-	-
暴行	690	140	278	244
脅迫	138	55	37	44
殺人（死亡させた罪）	8	5	1	2
殺人（その他）	12	6	1	3
強盗致傷	76	50	11	12
強盗致死	-	-	-	-
強盗・強制性交等致死	-	-	-	-
強盗・強制性交等	2	1	-	1
強制性交等致死	-	-	-	-
強制性交等	121	53	26	22
集団強姦致死	-	-	-	-
集団強姦	-	-	-	-
わいせつ	597	115	218	220
賭博	4	-	2	2
住居侵入	588	68	259	243
放火	35	15	7	12
失火	1	1	-	-
過失致死傷	93	44	42	7
業務上（重）過失致死傷	15	4	9	1
往来妨害	9	2	-	7
器物損壊等	392	77	180	123
公務執行妨害	74	19	27	23
その他	403	129	171	91
特別法犯総数	**3 643**	**893**	**1 598**	**1 068**
暴力行為等処罰ニ関スル法律	100	20	37	39
道路運送車両法	91	17	52	18
銃砲刀剣類所持等取締法	165	27	92	42
軽犯罪法	500	49	254	190
売春防止法	20	3	9	7
風俗営業等の規制及び業務の適正化等に関する法律等	40	11	19	8
麻薬及び向精神薬取締法等	438	255	91	81
覚せい剤取締法	89	76	2	10
出入国管理及び難民認定法	30	29	1	-
毒物及び劇物取締法	1	-	1	-
その他	2 169	406	1 040	673
ぐ犯	**182**	**91**	**41**	**37**

―審理期間別非行別―全家庭裁判所

間	
1年以内	1年を超える
734	**16**
638	**15**
300	6
6	-
39	-
14	1
-	-
9	-
7	-
119	4
-	-
27	1
2	-
-	-
2	-
3	-
-	-
-	-
-	-
-	-
19	1
-	-
-	-
42	2
-	-
18	-
1	-
-	-
-	-
1	-
-	-
12	-
5	-
12	-
83	**1**
4	-
3	1
4	-
7	-
1	-
2	-
11	-
1	-
-	-
-	-
50	-
13	**-**

第25表　一般保護事件の終局総人員—観護措置

非行	総数	観護措置なし	観護											
			総数	うち異議申立	検察官へ送致			保護処分						
					総数	刑事処分相当	年齢超過	総数	保護観察	児童自立支援施設又は児童養護施設へ送致	少年院へ送致			
											総数	第1種	第2種	第3種
総数	19 589	14 963	4 626	89	128	45	83	4 285	2 558	133	1 594	1 519	31	44
刑法犯総数	15 764	11 865	3 899	71	102	37	65	3 644	2 167	97	1 380	1 320	31	29
窃盗	8 152	6 723	1 429	18	33	12	21	1 344	812	26	506	484	11	11
強盗	71	13	58	-	6	3	3	48	15	-	33	32	1	-
詐欺	714	290	424	4	22	9	13	391	219	1	171	168	2	1
恐喝	343	123	220	4	2	2	-	214	131	1	82	76	3	3
横領	11	11	-	-	-	-	-	-	-	-	-	-	-	-
遺失物等横領	818	804	14	-	-	-	-	13	10	-	3	3	-	-
盗品譲受け等	257	244	13	-	-	-	-	12	10	-	2	2	-	-
傷害	2 137	1 218	919	14	15	5	10	876	529	18	329	315	5	9
傷害致死	3	-	3	-	1	1	-	2	-	-	2	2	-	-
暴行	690	550	140	7	3	-	3	123	91	4	28	26	1	1
脅迫	138	80	58	5	1	-	1	56	47	-	9	9	-	-
殺人（死亡させた罪）	8	2	6	-	1	-	1	5	-	-	5	3	-	2
殺人（その他）	12	4	8	-	-	-	-	8	2	2	4	4	-	-
強盗致傷	76	-	76	-	8	4	4	66	24	-	42	39	3	-
強盗致死	-	-	-	-	-	-	-	-	-	-	-	-	-	-
強盗・強制性交等致死	-	-	-	-	-	-	-	-	-	-	-	-	-	-
強盗・強制性交等	2	1	1	-	1	1	-	-	-	-	-	-	-	-
強制性交等致死	-	-	-	-	-	-	-	-	-	-	-	-	-	-
強制性交等	121	37	84	1	-	-	-	80	23	20	37	36	1	-
集団強姦致死	-	-	-	-	-	-	-	-	-	-	-	-	-	-
集団強姦	-	-	-	-	-	-	-	-	-	-	-	-	-	-
わいせつ	597	420	177	11	3	-	3	160	100	13	47	47	-	-
賭博	4	4	-	-	-	-	-	-	-	-	-	-	-	-
住居侵入	588	530	58	2	2	-	2	50	37	1	12	11	1	-
放火	35	7	28	-	-	-	-	27	13	5	9	8	-	1
失火	1	1	-	-	-	-	-	-	-	-	-	-	-	-
過失致死傷	93	92	1	-	-	-	-	1	1	-	-	-	-	-
業務上（重）過失致死傷	15	14	1	-	-	-	-	1	1	-	-	-	-	-
往来妨害	9	6	3	-	-	-	-	3	2	-	1	1	-	-
器物損壊等	392	328	64	4	-	-	-	56	31	4	21	20	-	1
公務執行妨害	74	44	30	-	2	-	2	27	19	-	8	8	-	-
その他	403	319	84	1	2	-	2	81	50	2	29	26	3	-
特別法犯総数	3 643	3 042	601	16	26	8	18	531	356	4	171	162	-	9
暴力行為等処罰ニ関スル法律	100	71	29	2	-	-	-	26	21	2	3	3	-	-
道路運送車両法	91	86	5	-	-	-	-	5	3	-	2	2	-	-
銃砲刀剣類所持等取締法	165	152	13	1	-	-	-	11	8	-	3	3	-	-
軽犯罪法	500	495	5	-	-	-	-	5	4	-	1	1	-	-
売春防止法	20	19	1	-	-	-	-	1	-	-	1	1	-	-
風俗営業等の規制及び業務の適正化等に関する法律等	40	34	6	-	1	-	1	5	5	-	-	-	-	-
麻薬及び向精神薬取締法等	438	141	297	5	11	1	10	278	189	-	89	84	-	5
覚せい剤取締法	89	8	81	-	10	6	4	69	23	1	45	41	-	4
出入国管理及び難民認定法	30	15	15	-	1	-	1	-	-	-	-	-	-	-
毒物及び劇物取締法	1	1	-	-	-	-	-	-	-	-	-	-	-	-
その他	2 169	2 020	149	8	3	1	2	131	103	1	27	27	-	-
ぐ犯	182	56	126	2	-	-	-	110	35	32	43	37	-	6

の有無及び終局決定別非行別—全家庭裁判所

措置あり																	
知事又は児童相談所長へ送致			不処分						審判不開始								
総数	強制	非強制	総数	保護的措置	別件保護中	非行なし	所在不明等	その他	総数	保護的措置	別件保護中	事案軽微	非行なし	所在不明等	その他	
37	6	31	128	69	50	4	4	1	48	7	5	2	-	19	15	総
24	1	23	103	53	44	3	2	1	26	5	5	-	-	13	3	刑
4	-	4	38	15	20	1	1	1	10	3	1	-	-	5	1	窃
-	-	-	2	-	2	-	-	-	2	-	1	-	-	1	-	
-	-	-	8	3	4	1	-	-	3	-	1	-	-	2	-	
1	-	1	2	-	1	1	-	-	1	1	-	-	-	-	-	
-	-	-	-	-	-	-	-	-	-	-	-	-	-	-	-	
-	-	-	1	1	-	-	-	-	-	-	-	-	-	-	-	
-	-	-	1	1	-	-	-	-	-	-	-	-	-	-	-	盗
6	1	5	18	12	6	-	-	-	4	-	-	-	-	3	1	
-	-	-	-	-	-	-	-	-	-	-	-	-	-	-	-	
2	-	2	11	8	3	-	-	-	1	1	-	-	-	-	-	
-	-	-	1	1	-	-	-	-	-	-	-	-	-	-	-	
-	-	-	-	-	-	-	-	-	-	-	-	-	-	-	-	殺
-	-	-	-	-	-	-	-	-	-	-	-	-	-	-	-	
1	-	1	1	1	-	-	-	-	-	-	-	-	-	-	-	
-	-	-	-	-	-	-	-	-	-	-	-	-	-	-	-	
-	-	-	-	-	-	-	-	-	-	-	-	-	-	-	-	
-	-	-	-	-	-	-	-	-	-	-	-	-	-	-	-	
-	-	-	-	-	-	-	-	-	-	-	-	-	-	-	-	
3	-	3	1	1	-	-	-	-	-	-	-	-	-	-	-	
-	-	-	-	-	-	-	-	-	-	-	-	-	-	-	-	
-	-	-	-	-	-	-	-	-	-	-	-	-	-	-	-	
6	-	6	5	4	1	-	-	-	3	-	-	-	-	2	1	わ
-	-	-	-	-	-	-	-	-	-	-	-	-	-	-	-	
-	-	-	6	3	2	-	1	-	-	-	-	-	-	-	-	
1	-	1	-	-	-	-	-	-	-	-	-	-	-	-	-	
-	-	-	-	-	-	-	-	-	-	-	-	-	-	-	-	
-	-	-	-	-	-	-	-	-	-	-	-	-	-	-	-	
-	-	-	-	-	-	-	-	-	-	-	-	-	-	-	-	業
-	-	-	-	-	-	-	-	-	-	-	-	-	-	-	-	
-	-	-	6	3	3	-	-	-	2	-	2	-	-	-	-	
-	-	-	1	-	1	-	-	-	-	-	-	-	-	-	-	
-	-	-	1	-	1	-	-	-	-	-	-	-	-	-	-	
4	-	4	20	13	5	-	2	-	20	2	-	2	-	5	11	特
2	-	2	-	-	-	-	-	-	1	-	-	-	-	1	-	
-	-	-	-	-	-	-	-	-	-	-	-	-	-	-	-	
-	-	-	2	1	-	-	1	-	-	-	-	-	-	-	-	
-	-	-	-	-	-	-	-	-	-	-	-	-	-	-	-	軽
-	-	-	-	-	-	-	-	-	-	-	-	-	-	-	-	
-	-	-	-	-	-	-	-	-	-	-	-	-	-	-	-	
-	-	-	7	6	1	-	-	-	1	-	-	-	-	1	-	
-	-	-	2	1	-	-	1	-	-	-	-	-	-	-	-	覚
-	-	-	1	-	1	-	-	-	13	-	-	2	-	1	10	
-	-	-	-	-	-	-	-	-	-	-	-	-	-	-	-	
2	-	2	8	5	3	-	-	-	5	2	-	-	-	2	1	
9	5	4	5	3	1	1	-	-	2	-	-	-	-	1	1	ぐ

第26表　一般保護事件の終局総人員のうち観護措置決定のあった人員―観護措置の期間別非行別―全家庭裁判所

非行	観護措置期間 1) 28日以内	42日以内	56日以内
総数	**4 536**	**21**	**69**
刑法犯総数	**3 815**	**18**	**66**
窃盗	1 410	6	13
強盗	55	-	3
詐欺	419	1	4
恐喝	209	3	8
横領	-	-	-
遺失物等横領	14	-	-
盗品譲受け等	12	-	1
傷害	905	2	12
傷害致死	3	-	-
暴行	135	1	4
脅迫	56	1	1
殺人（死亡させた罪）	5	-	1
殺人（その他）	8	-	-
強盗致傷	71	2	3
強盗致死	-	-	-
強盗・強制性交等致死	-	-	-
強盗・強制性交等	1	-	-
強制性交等致死	-	-	-
強制性交等	74	-	10
集団強姦致死	-	-	-
集団強姦	-	-	-
わいせつ	173	1	3
賭博	-	-	-
住居侵入	58	-	-
放火	28	-	-
失火	-	-	-
過失致死傷	1	-	-
業務上（重）過失致死傷	1	-	-
往来妨害	3	-	-
器物損壊等	64	-	-
公務執行妨害	30	-	-
その他	80	1	3
特別法犯総数	**597**	**2**	**2**
暴力行為等処罰ニ関スル法律	28	1	-
道路運送車両法	5	-	-
銃砲刀剣類所持等取締法	13	-	-
軽犯罪法	5	-	-
売春防止法	1	-	-
風俗営業等の規制及び業務の適正化等に関する法律等	6	-	-
麻薬及び向精神薬取締法等	295	-	2
覚せい剤取締法	81	-	-
出入国管理及び難民認定法	15	-	-
毒物及び劇物取締法	-	-	-
その他	148	1	-
ぐ犯	**124**	**1**	**1**

1）併合された2以上の非行事実について各別に観護措置がとられた場合には，非行事実ごとの観護措置期間を比較し，最も長い期間を計上してある。

第27表　一般保護事件の終局総人員（合議決定のあった人員－非行別，検察官関与決定のあった人員－非行別，被害者等意見聴取の申出のあった人員－意見聴取の有無別非行別）—全家庭裁判所

非行	総数	合議決定	検察官関与	被害者等意見聴取	
				なし	あり
総数	**19 589**	**18**	**39**	**3**	**172**
刑法犯総数	**15 764**	**17**	**37**	**3**	**149**
窃盗	8 152	1	8	－	8
強盗	71	1	2	－	4
詐欺	714	1	－	－	2
恐喝	343	－	3	1	1
横領	11	－	－	－	－
遺失物等横領	818	－	－	－	1
盗品譲受け等	257	－	－	－	1
傷害	2 137	－	3	－	58
傷害致死	3	1	－	－	1
暴行	690	－	1	1	9
脅迫	138	－	－	－	4
殺人（死亡させた罪）	8	2	－	－	3
殺人（その他）	12	2	－	－	1
強盗致傷	76	－	2	－	－
強盗致死	－	－	－	－	－
強盗・強制性交等致死	－	－	－	－	－
強盗・強制性交等	2	－	－	－	－
強制性交等致死	－	－	－	－	－
強制性交等	121	5	10	－	15
集団強姦致死	－	－	－	－	－
集団強姦	－	－	－	－	－
わいせつ	597	3	6	1	31
賭博	4	－	－	－	－
住居侵入	588	－	－	－	3
放火	35	1	－	－	5
失火	1	－	－	－	－
過失致死傷	93	－	－	－	1
業務上（重）過失致死傷	15	－	－	－	1
往来妨害	9	－	－	－	－
器物損壊等	392	－	－	－	－
公務執行妨害	74	－	－	－	－
その他	403	－	2	－	－
特別法犯総数	**3 643**	**－**	**2**	**－**	**23**
暴力行為等処罰ニ関スル法律	100	－	－	－	2
道路運送車両法	91	－	－	－	－
銃砲刀剣類所持等取締法	165	－	－	－	－
軽犯罪法	500	－	－	－	－
売春防止法	20	－	－	－	－
風俗営業等の規制及び業務の適正化等に関する法律	40	－	－	－	－
麻薬及び向精神薬取締法	438	－	1	－	－
覚せい剤取締法	89	－	－	－	－
出入国管理及び難民認定法	30	－	－	－	－
毒物及び劇物取締法	1	－	－	－	－
その他	2 169	－	1	－	21
ぐ犯	**182**	**1**	**－**	**－**	**－**

第28表　一般保護事件の終局総人員―付添人の種類別非行別―全家庭裁判所

非行	総数	付添人なし	付添人あり 総数	付添人あり 弁護士	うち私選 1)	うち国選 1)	保護者	その他
総数	19 589	14 491	5 098	5 044	1 973	3 071	9	45
刑法犯総数	15 764	11 513	4 251	4 204	1 444	2 760	9	38
窃盗	8 152	6 609	1 543	1 510	404	1 106	6	27
強盗	71	13	58	58	7	51	-	-
詐欺	714	288	426	425	82	343	1	-
恐喝	343	113	230	230	46	184	-	-
横領	11	11	-	-	-	-	-	-
遺失物等横領	818	797	21	20	20	-	-	1
盗品譲受け等	257	241	16	16	10	6	-	-
傷害	2 137	1 137	1 000	997	271	726	1	2
傷害致死	3	-	3	3	-	3	-	-
暴行	690	533	157	153	146	7	-	4
脅迫	138	71	67	67	65	2	-	-
殺人（死亡させた罪）	8	2	6	6	-	6	-	-
殺人（その他）	12	4	8	8	-	8	-	-
強盗致傷	76	1	75	75	11	64	-	-
強盗致死	-	-	-	-	-	-	-	-
強盗・強制性交等致死	-	-	-	-	-	-	-	-
強盗・強制性交等	2	1	1	1	-	1	-	-
強制性交等致死	-	-	-	-	-	-	-	-
強制性交等	121	29	92	92	29	63	-	-
集団強姦致死	-	-	-	-	-	-	-	-
集団強姦	-	-	-	-	-	-	-	-
わいせつ	597	371	226	226	121	105	-	-
賭博	4	4	-	-	-	-	-	-
住居侵入	588	500	88	87	86	1	-	1
放火	35	4	31	30	3	27	-	1
失火	1	1	-	-	-	-	-	-
過失致死傷	93	91	2	2	2	-	-	-
業務上（重）過失致死傷	15	14	1	1	1	-	-	-
往来妨害	9	6	3	3	1	2	-	-
器物損壊等	392	321	71	71	56	15	-	-
公務執行妨害	74	46	28	26	26	-	-	2
その他	403	305	98	97	57	40	1	-
特別法犯総数	3 643	2 923	720	715	407	308	-	5
暴力行為等処罰ニ関スル法律	100	68	32	32	31	1	-	-
道路運送車両法	91	85	6	6	5	1	-	-
銃砲刀剣類所持等取締法	165	152	13	13	13	-	-	-
軽犯罪法	500	489	11	11	11	-	-	-
売春防止法	20	19	1	1	1	-	-	-
風俗営業等の規制及び業務の適正化等に関する法律等	40	33	7	7	7	-	-	-
麻薬及び向精神薬取締法等	438	147	291	291	72	219	-	-
覚せい剤取締法	89	11	78	78	8	70	-	-
出入国管理及び難民認定法	30	20	10	10	10	-	-	-
毒物及び劇物取締法	1	1	-	-	-	-	-	-
その他	2 169	1 898	271	266	249	17	-	5
ぐ犯	182	55	127	125	122	3	-	2

1）　私選付添人が選任されたため国選付添人が解任された場合など，私選付添人と国選付添人の双方が選任された場合は国選付添人として計上してある。

第29表　一般保護事件の終局総人員―付添人の種類別終局決定別―全家庭裁判所

終局決定	総数	付添人なし	付添人あり 総数	弁護士	うち私選 1)	うち国選 1)	保護者	その他
総数	**19 589**	**14 491**	**5 098**	**5 044**	**1 973**	**3 071**	**9**	**45**
検察官へ送致	**489**	**382**	**107**	**107**	**43**	**64**	**-**	**-**
刑事処分相当	99	51	48	48	12	36	-	-
年齢超過	390	331	59	59	31	28	-	-
保護処分	**7 638**	**3 193**	**4 445**	**4 407**	**1 493**	**2 914**	**8**	**30**
保護観察	5 902	3 141	2 761	2 727	1 130	1 597	8	26
児童自立支援施設又は児童養護施設へ送致	137	9	128	125	51	74	-	3
少年院へ送致	1 599	43	1 556	1 555	312	1 243	-	1
第1種	1 524	42	1 482	1 481	294	1 187	-	1
第2種	31	-	31	31	5	26	-	-
第3種	44	1	43	43	13	30	-	-
知事又は児童相談所長へ送致	**115**	**71**	**44**	**43**	**27**	**16**	**-**	**1**
強制	13	6	7	6	4	2	-	1
非強制	102	65	37	37	23	14	-	-
不処分	**4 019**	**3 660**	**359**	**345**	**281**	**64**	**1**	**13**
保護的措置	3 573	3 307	266	255	226	29	-	11
別件保護中	420	344	76	73	44	29	1	2
非行なし	20	8	12	12	9	3	-	-
所在不明等	4	-	4	4	2	2	-	-
その他	2	1	1	1	-	1	-	-
審判不開始	**7 328**	**7 185**	**143**	**142**	**129**	**13**	**-**	**1**
保護的措置	5 967	5 878	89	88	88	-	-	1
別件保護中	1 093	1 076	17	17	16	1	-	-
事案軽微	119	115	4	4	4	-	-	-
非行なし	14	13	1	1	1	-	-	-
所在不明等	96	77	19	19	8	11	-	-
その他	39	26	13	13	12	1	-	-

1)　第28表脚注1）参照

第30表　一般保護事件の終局総人員のうち試験観察を経た人員 ―試験観察の種類別行為時年齢別（うち前処分あり） ―全家庭裁判所

行為時年齢	試験観察の種類					
	総数	法25条1項 1)	法25条2項			
			1号 2)	2号 3)	3号 4)	
					補導のみ	身柄付き
総数	1 042	92	620	13	113	204
14歳未満	18	3	11	1	1	2
14歳	106	9	80	−	8	9
15歳	146	14	86	3	21	22
16歳	212	16	132	2	24	38
17歳	220	12	121	2	29	56
18歳	221	20	127	3	21	50
19歳	119	18	63	2	9	27
20歳以上	−	−	−	−	−	−
年齢不詳	−	−	−	−	−	−
うち前処分あり 5)						
総数	473	33	285	5	36	114
14歳未満	−	−	−	−	−	−
14歳	15	−	13	−	1	1
15歳	45	3	23	2	4	13
16歳	110	11	70	−	9	20
17歳	111	4	65	1	11	30
18歳	125	7	77	2	5	34
19歳	67	8	37	−	6	16
20歳以上	−	−	−	−	−	−
年齢不詳	−	−	−	−	−	−

1）　家庭裁判所調査官の観察に付すること。
2）　家庭裁判所調査官の観察と併せて遵守事項を定めてその履行を命ずること。
3）　家庭裁判所調査官の観察と併せて条件を付けて保護者に引き渡すこと。
4）　家庭裁判所調査官の観察と併せて適当な施設，団体又は個人に補導を委託すること。
5）　第19表脚注2）参照

第31表　一般保護事件の終局総人員のうち試験観察を経た人員 ―試験観察の種類別全観察期間及び身柄付期間別―全家庭裁判所

全観察期間（うち身柄付期間）	試験観察の種類						うち身柄付期間
	総数	法25条1項 1)	法25条2項				
			1号 2)	2号 3)	3号 4)		
					補導のみ	身柄付き	
総数	1 042	92	620	13	113	204	204
1月以内	29	1	3	−	16	9	63
2月以内	83	9	33	2	19	20	18
3月以内	141	14	90	3	17	17	18
4月以内	220	21	134	3	23	39	40
5月以内	224	15	137	2	26	44	29
6月以内	161	12	104	2	7	36	16
9月以内	163	17	104	1	4	37	18
1年以内	20	3	14	−	1	2	2
1年を超える	1	−	1	−	−	−	−

1），2），3），4）　第30表脚注参照

第32表　一般保護事件の終局総人員のうち試験観察を経た人員 —試験観察の種類別終局決定別—全家庭裁判所

終局決定	試験観察の種類 総数	法25条1項1)	法25条2項 1号2)	法25条2項 2号3)	法25条2項 3号4) 補導のみ	法25条2項 3号4) 身柄付き
総数	**1 042**	**92**	**620**	**13**	**113**	**204**
検察官へ送致	**3**	**-**	**2**	**-**	**1**	**-**
刑事処分相当	1	-	1	-	-	-
年齢超過	2	-	1	-	1	-
保護処分	**895**	**77**	**550**	**10**	**81**	**177**
保護観察	777	65	481	10	76	145
児童自立支援施設又は児童養護施設へ送致	4	2	2	-	-	-
少年院へ送致	114	10	67	-	5	32
第1種	110	9	66	-	5	30
第2種	1	-	-	-	-	1
第3種	3	1	1	-	-	1
知事又は児童相談所長へ送致	**10**	**-**	**8**	**-**	**-**	**2**
強制	-	-	-	-	-	-
非強制	10	-	8	-	-	2
不処分	**126**	**14**	**55**	**3**	**31**	**23**
保護的措置	84	10	32	2	31	9
別件保護中	40	4	22	1	-	13
非行なし	-	-	-	-	-	-
所在不明等	2	-	1	-	-	1
その他	-	-	-	-	-	-
審判不開始	**8**	**1**	**5**	**-**	**-**	**2**
保護的措置	-	-	-	-	-	-
別件保護中	-	-	-	-	-	-
事案軽微	-	-	-	-	-	-
非行なし	-	-	-	-	-	-
所在不明等	8	1	5	-	-	2
その他	-	-	-	-	-	-

1)，2)，3)，4)　第30表脚注参照

第33表　一般保護事件の終局総人員のうち

非行	終局												
	総数	検察官へ送致			保護処分							知事又は児童相談	
		総数	刑事処分相当	年齢超過	総数	保護観察	児童自立支援施設又は児童養護施設へ送致	少年院へ送致				総数	強制
								総数	第1種	第2種	第3種		
総数	1 042	3	1	2	895	777	4	114	110	1	3	10	-
刑法犯総数	895	3	1	2	780	670	4	106	102	1	3	6	-
窃盗	362	1	-	1	318	257	1	60	57	1	2	-	-
強盗	10	-	-	-	8	8	-	-	-	-	-	-	-
詐欺	76	-	-	-	74	67	-	7	7	-	-	-	-
恐喝	36	1	1	-	34	32	-	2	1	-	1	1	-
横領	-	-	-	-	-	-	-	-	-	-	-	-	-
遺失物等横領	5	-	-	-	3	3	-	-	-	-	-	-	-
盗品譲受け等	3	-	-	-	2	2	-	-	-	-	-	-	-
傷害	206	-	-	-	182	153	1	28	28	-	-	2	-
傷害致死	-	-	-	-	-	-	-	-	-	-	-	-	-
暴行	29	-	-	-	24	22	1	1	1	-	-	-	-
脅迫	7	-	-	-	6	6	-	-	-	-	-	-	-
殺人（死亡させた罪）	-	-	-	-	-	-	-	-	-	-	-	-	-
殺人（その他）	1	-	-	-	1	1	-	-	-	-	-	-	-
強盗致傷	12	-	-	-	10	10	-	-	-	-	-	1	-
強盗致死	-	-	-	-	-	-	-	-	-	-	-	-	-
強盗・強制性交等致死	-	-	-	-	-	-	-	-	-	-	-	-	-
強盗・強制性交等	-	-	-	-	-	-	-	-	-	-	-	-	-
強制性交等致死	-	-	-	-	-	-	-	-	-	-	-	-	-
強制性交等	23	-	-	-	15	14	-	1	1	-	-	-	-
集団強姦致死	-	-	-	-	-	-	-	-	-	-	-	-	-
集団強姦	-	-	-	-	-	-	-	-	-	-	-	-	-
わいせつ	58	-	-	-	50	49	-	1	1	-	-	2	-
賭博	-	-	-	-	-	-	-	-	-	-	-	-	-
住居侵入	19	-	-	-	14	12	-	2	2	-	-	-	-
放火	7	-	-	-	7	7	-	-	-	-	-	-	-
失火	-	-	-	-	-	-	-	-	-	-	-	-	-
過失致死傷	1	-	-	-	-	-	-	-	-	-	-	-	-
業務上（重）過失致死傷	-	-	-	-	-	-	-	-	-	-	-	-	-
往来妨害	1	-	-	-	1	1	-	-	-	-	-	-	-
器物損壊等	21	-	-	-	17	13	1	3	3	-	-	-	-
公務執行妨害	6	-	-	-	4	4	-	-	-	-	-	-	-
その他	12	1	-	1	10	9	-	1	1	-	-	-	-
特別法犯総数	126	-	-	-	102	94	-	8	8	-	-	1	-
暴力行為等処罰ニ関スル法律	9	-	-	-	8	7	-	1	1	-	-	1	-
道路運送車両法	4	-	-	-	3	2	-	1	1	-	-	-	-
銃砲刀剣類所持等取締法	6	-	-	-	3	3	-	-	-	-	-	-	-
軽犯罪法	5	-	-	-	5	5	-	-	-	-	-	-	-
売春防止法	-	-	-	-	-	-	-	-	-	-	-	-	-
風俗営業等の規制及び業務の適正化等に関する法律等	3	-	-	-	3	3	-	-	-	-	-	-	-
麻薬及び向精神薬取締法等	38	-	-	-	36	33	-	3	3	-	-	-	-
覚せい剤取締法	9	-	-	-	9	7	-	2	2	-	-	-	-
出入国管理及び難民認定法	-	-	-	-	-	-	-	-	-	-	-	-	-
毒物及び劇物取締法	-	-	-	-	-	-	-	-	-	-	-	-	-
その他	52	-	-	-	35	34	-	1	1	-	-	-	-
ぐ犯	21	-	-	-	13	13	-	-	-	-	-	3	-

試験観察を経た人員—終局決定別非行別—全家庭裁判所

決定														
所長へ送致	不処分						審判不開始							
非強制	総数	保護的措置	別件保護中	非行なし	所在不明等	その他	総数	保護的措置	別件保護中	事案軽微	非行なし	所在不明等	その他	
10	126	84	40	-	2	-	8	-	-	-	-	8	-	**総**
6	100	64	35	-	1	-	6	-	-	-	-	6	-	**刑**
-	41	24	17	-	-	-	2	-	-	-	-	2	-	窃
-	1	-	1	-	-	-	1	-	-	-	-	1	-	
-	2	1	1	-	-	-	-	-	-	-	-	-	-	
1	-	-	-	-	-	-	-	-	-	-	-	-	-	
-	-	-	-	-	-	-	-	-	-	-	-	-	-	
-	2	1	1	-	-	-	-	-	-	-	-	-	-	
-	1	1	-	-	-	-	-	-	-	-	-	-	-	盗
2	19	13	6	-	-	-	3	-	-	-	-	3	-	
-	-	-	-	-	-	-	-	-	-	-	-	-	-	
-	5	3	2	-	-	-	-	-	-	-	-	-	-	
-	1	1	-	-	-	-	-	-	-	-	-	-	-	
-	-	-	-	-	-	-	-	-	-	-	-	-	-	殺
-	-	-	-	-	-	-	-	-	-	-	-	-	-	
1	1	1	-	-	-	-	-	-	-	-	-	-	-	
-	-	-	-	-	-	-	-	-	-	-	-	-	-	
-	-	-	-	-	-	-	-	-	-	-	-	-	-	
-	-	-	-	-	-	-	-	-	-	-	-	-	-	
-	-	-	-	-	-	-	-	-	-	-	-	-	-	
-	8	8	-	-	-	-	-	-	-	-	-	-	-	
-	-	-	-	-	-	-	-	-	-	-	-	-	-	
-	-	-	-	-	-	-	-	-	-	-	-	-	-	
2	6	5	1	-	-	-	-	-	-	-	-	-	-	わ
-	-	-	-	-	-	-	-	-	-	-	-	-	-	
-	5	3	1	-	1	-	-	-	-	-	-	-	-	
-	-	-	-	-	-	-	-	-	-	-	-	-	-	
-	-	-	-	-	-	-	-	-	-	-	-	-	-	
-	1	1	-	-	-	-	-	-	-	-	-	-	-	
-	-	-	-	-	-	-	-	-	-	-	-	-	-	業
-	-	-	-	-	-	-	-	-	-	-	-	-	-	
-	4	1	3	-	-	-	-	-	-	-	-	-	-	
-	2	-	2	-	-	-	-	-	-	-	-	-	-	
-	1	1	-	-	-	-	-	-	-	-	-	-	-	
1	22	16	5	-	1	-	1	-	-	-	-	1	-	**特**
1	-	-	-	-	-	-	-	-	-	-	-	-	-	
-	1	-	1	-	-	-	-	-	-	-	-	-	-	
-	3	2	-	-	1	-	-	-	-	-	-	-	-	
-	-	-	-	-	-	-	-	-	-	-	-	-	-	軽
-	-	-	-	-	-	-	-	-	-	-	-	-	-	
-	2	1	1	-	-	-	-	-	-	-	-	-	-	
-	-	-	-	-	-	-	-	-	-	-	-	-	-	覚
-	-	-	-	-	-	-	-	-	-	-	-	-	-	
-	-	-	-	-	-	-	-	-	-	-	-	-	-	
-	16	13	3	-	-	-	1	-	-	-	-	1	-	
3	4	4	-	-	-	-	1	-	-	-	-	1	-	**ぐ**

第34表　一般保護事件の終局総人員
—試験観察の種類，全観察期間及び身

非行	総数	試験観察の種類 法25条1項 1)	法25条2項 1号 2)	法25条2項 2号 3)	法25条2項 3号 4) 補導のみ	法25条2項 3号 4) 身柄付き	全観察 1月以内	2月以内	3月以内	4月以内	5月以内
総数	**1 042**	**92**	**620**	**13**	**113**	**204**	**29**	**83**	**141**	**220**	**224**
刑法犯総数	**895**	**75**	**534**	**12**	**97**	**177**	**22**	**69**	**116**	**186**	**189**
窃盗	362	31	217	4	34	76	10	30	57	66	74
強盗	10	1	7	1	-	1	-	1	2	4	-
詐欺	76	7	36	2	9	22	1	2	7	20	15
恐喝	36	1	28	1	4	2	2	-	5	14	6
横領	-	-	-	-	-	-	-	-	-	-	-
遺失物等横領	5	2	3	-	-	-	-	1	-	2	1
盗品譲受け等	3	-	2	-	1	-	-	-	1	-	-
傷害	206	13	125	1	20	47	5	15	20	37	50
傷害致死	-	-	-	-	-	-	-	-	-	-	-
暴行	29	3	20	-	3	3	-	1	2	5	10
脅迫	7	-	5	-	1	1	-	1	1	2	2
殺人（死亡させた罪）	-	-	-	-	-	-	-	-	-	-	-
殺人（その他）	1	-	1	-	-	-	-	-	-	-	1
強盗致傷	12	-	9	-	-	3	-	-	2	4	5
強盗致死	-	-	-	-	-	-	-	-	-	-	-
強盗・強制性交等致死	-	-	-	-	-	-	-	-	-	-	-
強盗・強制性交等	-	-	-	-	-	-	-	-	-	-	-
強制性交等致死	-	-	-	-	-	-	-	-	-	-	-
強制性交等	23	3	9	-	7	4	-	6	5	1	3
集団強姦致死	-	-	-	-	-	-	-	-	-	-	-
集団強姦	-	-	-	-	-	-	-	-	-	-	-
わいせつ	58	6	34	3	8	7	1	6	9	12	8
賭博	-	-	-	-	-	-	-	-	-	-	-
住居侵入	19	4	10	-	2	3	1	2	1	6	2
放火	7	-	5	-	1	1	-	-	1	-	3
失火	-	-	-	-	-	-	-	-	-	-	-
過失致死傷	1	-	-	-	1	-	1	-	-	-	-
業務上（重）過失致死傷	-	-	-	-	-	-	-	-	-	-	-
往来妨害	1	-	1	-	-	-	-	-	-	-	1
器物損壊等	21	3	12	-	2	4	-	3	2	7	5
公務執行妨害	6	1	3	-	-	2	-	-	-	2	1
その他	12	-	7	-	4	1	1	1	1	4	2
特別法犯総数	**126**	**15**	**72**	**1**	**15**	**23**	**7**	**14**	**22**	**32**	**28**
暴力行為等処罰ニ関スル法律	9	-	5	-	1	3	-	2	1	3	1
道路運送車両法	4	1	3	-	-	-	-	1	-	1	-
銃砲刀剣類所持等取締法	6	1	-	-	2	3	1	-	1	2	-
軽犯罪法	5	1	3	-	1	-	1	1	1	1	1
売春防止法	-	-	-	-	-	-	-	-	-	-	-
風俗営業等の規制及び業務の適正化等に関する法律等	3	-	3	-	-	-	-	-	-	2	1
麻薬及び向精神薬取締法等	38	5	25	1	1	6	-	3	4	12	12
覚せい剤取締法	9	-	5	-	2	2	-	1	1	3	3
出入国管理及び難民認定法	-	-	-	-	-	-	-	-	-	-	-
毒物及び劇物取締法	-	-	-	-	-	-	-	-	-	-	-
その他	52	7	28	-	8	9	5	6	14	8	10
ぐ犯	**21**	**2**	**14**	**-**	**1**	**4**	**-**	**-**	**3**	**2**	**7**

1)，2)，3)，4) 第30表脚注参照

のうち試験観察を経た人員
柄付期間別非行別—全家庭裁判所

期間				うち身柄付期間									
6月以内	9月以内	1年以内	1年を超える	1月以内	2月以内	3月以内	4月以内	5月以内	6月以内	9月以内	1年以内	1年を超える	
161	163	20	1	63	18	18	40	29	16	18	2	-	総
146	149	17	1	55	17	15	32	28	13	16	1	-	刑
60	61	4	-	19	12	7	14	13	5	6	-	-	窃
2	1	-	-	-	-	-	1	-	-	-	-	-	
16	13	2	-	10	1	2	2	2	1	3	1	-	
3	5	1	-	1	-	-	-	-	-	1	-	-	
-	-	-	-	-	-	-	-	-	-	-	-	-	
1	-	-	-	-	-	-	-	-	-	-	-	-	
2	-	-	-	-	-	-	-	-	-	-	-	-	盗
32	39	8	-	12	4	4	10	8	5	4	-	-	
-	-	-	-	-	-	-	-	-	-	-	-	-	
6	5	-	-	1	-	-	-	1	-	1	-	-	
1	-	-	-	1	-	-	-	-	-	-	-	-	
-	-	-	-	-	-	-	-	-	-	-	-	-	殺
-	-	-	-	-	-	-	-	-	-	-	-	-	
-	1	-	-	1	-	1	1	-	-	-	-	-	
-	-	-	-	-	-	-	-	-	-	-	-	-	
-	-	-	-	-	-	-	-	-	-	-	-	-	
-	-	-	-	-	-	-	-	-	-	-	-	-	
-	-	-	-	-	-	-	-	-	-	-	-	-	
1	6	-	1	2	-	-	-	1	-	1	-	-	
-	-	-	-	-	-	-	-	-	-	-	-	-	
-	-	-	-	-	-	-	-	-	-	-	-	-	
11	9	2	-	4	-	-	2	1	-	-	-	-	わ
-	-	-	-	-	-	-	-	-	-	-	-	-	
2	5	-	-	1	-	-	-	2	-	-	-	-	
3	-	-	-	-	-	-	-	-	1	-	-	-	
-	-	-	-	-	-	-	-	-	-	-	-	-	
-	-	-	-	-	-	-	-	-	-	-	-	-	
-	-	-	-	-	-	-	-	-	-	-	-	-	業
-	-	-	-	-	-	-	-	-	-	-	-	-	
3	1	-	-	2	-	1	1	-	-	-	-	-	
1	2	-	-	1	-	-	-	-	1	-	-	-	
2	1	-	-	-	-	-	1	-	-	-	-	-	
13	10	-	-	8	1	2	7	1	2	2	-	-	特
2	-	-	-	1	1	-	1	-	-	-	-	-	
1	1	-	-	-	-	-	-	-	-	-	-	-	
-	2	-	-	-	-	-	1	-	-	2	-	-	
-	-	-	-	-	-	-	-	-	-	-	-	-	軽
-	-	-	-	-	-	-	-	-	-	-	-	-	
-	-	-	-	-	-	-	-	-	-	-	-	-	
5	2	-	-	2	-	1	1	1	1	-	-	-	
-	1	-	-	1	-	-	1	-	-	-	-	-	覚
-	-	-	-	-	-	-	-	-	-	-	-	-	
-	-	-	-	-	-	-	-	-	-	-	-	-	
5	4	-	-	4	-	1	3	-	1	-	-	-	
2	4	3	-	-	-	1	1	-	1	-	1	-	ぐ

第35表　一般保護事件の終局人員—共犯者の有無及び行為時年齢別非行別—全家庭裁判所

本表には，「過失犯」，「ぐ犯」は含まれていない。

非行	総数	共犯者なし	共犯者あり（本人を含む）								
			総数	行為時年齢							
				14歳未満	14歳	15歳	16歳	17歳	18歳	19歳	年齢不詳
総数	**18 755**	**11 850**	**6 905**	**43**	**701**	**1 231**	**1 713**	**1 377**	**1 120**	**720**	**-**
刑法犯総数	**15 262**	**9 051**	**6 211**	**40**	**626**	**1 114**	**1 618**	**1 257**	**968**	**588**	**-**
窃盗	7 988	4 350	3 638	19	436	764	1 029	650	477	263	-
強盗	66	13	53	-	1	1	9	11	24	7	-
詐欺	679	159	520	1	11	26	87	141	142	112	-
恐喝	338	92	246	1	5	25	48	71	65	31	-
横領	11	8	3	-	-	-	-	3	-	-	-
遺失物等横領	790	656	134	-	14	34	45	18	16	7	-
盗品譲受け等	255	218	37	-	3	9	10	11	4	-	-
傷害	2 076	1 240	836	5	55	128	220	203	133	92	-
傷害致死	3	3	-	-	-	-	-	-	-	-	-
暴行	670	595	75	-	12	14	15	15	16	3	-
脅迫	135	124	11	-	1	-	1	2	2	5	-
殺人（死亡させた罪）	7	5	2	-	-	-	1	-	1	-	-
殺人（その他）	12	12	-	-	-	-	-	-	-	-	-
強盗致傷	72	7	65	-	1	4	22	13	17	8	-
強盗致死	-	-	-	-	-	-	-	-	-	-	-
強盗・強制性交等致死	-	-	-	-	-	-	-	-	-	-	-
強盗・強制性交等	2	1	1	-	-	1	-	-	-	-	-
強制性交等致死	-	-	-	-	-	-	-	-	-	-	-
強制性交等	117	87	30	6	2	2	5	14	1	-	-
集団強姦致死	-	-	-	-	-	-	-	-	-	-	-
集団強姦	-	-	-	-	-	-	-	-	-	-	-
わいせつ	585	546	39	4	7	7	5	6	4	6	-
賭博	4	3	1	-	-	-	-	1	-	-	-
住居侵入	580	327	253	-	41	60	67	46	23	16	-
放火	35	27	8	1	4	-	-	1	2	-	-
往来妨害	7	2	5	1	2	-	-	2	-	-	-
器物損壊等	378	250	128	-	26	32	33	18	11	8	-
公務執行妨害	71	61	10	-	-	-	4	4	2	-	-
その他	381	265	116	2	5	7	17	27	28	30	-
特別法犯総数	**3 493**	**2 799**	**694**	**3**	**75**	**117**	**95**	**120**	**152**	**132**	**-**
暴力行為等処罰ニ関スル法律	96	38	58	1	6	14	19	10	5	3	-
道路運送車両法	86	84	2	-	-	-	1	1	-	-	-
銃砲刀剣類所持等取締法	153	153	-	-	-	-	-	-	-	-	-
軽犯罪法	496	191	305	-	56	86	53	62	35	13	-
売春防止法	19	18	1	-	-	-	1	-	-	-	-
風俗営業等の規制及び業務の適正化等に関する法律等	37	23	14	-	-	2	-	2	4	6	-
麻薬及び向精神薬取締法等	414	336	78	-	-	-	5	15	19	39	-
覚せい剤取締法	81	65	16	2	-	-	-	3	7	4	-
出入国管理及び難民認定法	7	7	-	-	-	-	-	-	-	-	-
毒物及び劇物取締法	1	1	-	-	-	-	-	-	-	-	-
その他	2 103	1 883	220	-	13	15	16	27	82	67	-

第 36 表　一般保護事件の終局総人員のうち外国籍等を有する人員 —国籍別非行別—全家庭裁判所

非行	総数	アメリカ	ベトナム	韓国・朝鮮	コロンビア	タイ	中国	フィリピン	ブラジル	ペルー	その他 1)
総数	**669**	**11**	**62**	**81**	**3**	**13**	**104**	**105**	**144**	**27**	**119**
刑法犯総数	**526**	**6**	**41**	**76**	**2**	**8**	**83**	**85**	**121**	**23**	**81**
窃盗	293	3	26	45	2	3	37	52	69	16	40
強盗	2	-	2	-	-	-	-	-	-	-	-
詐欺	35	1	-	2	-	-	18	5	2	1	6
恐喝	7	-	1	1	-	-	1	-	2	2	-
横領	-	-	-	-	-	-	-	-	-	-	-
遺失物等横領	27	-	2	4	-	1	4	8	4	-	4
盗品譲受け等	10	-	2	2	-	-	2	-	3	-	1
傷害	73	2	4	13	-	3	10	7	21	-	13
傷害致死	-	-	-	-	-	-	-	-	-	-	-
暴行	14	-	-	2	-	-	2	1	7	-	2
脅迫	2	-	-	-	-	-	2	-	-	-	-
殺人（死亡させた罪）	-	-	-	-	-	-	-	-	-	-	-
殺人（その他）	-	-	-	-	-	-	-	-	-	-	-
強盗致傷	2	-	1	1	-	-	-	-	-	-	-
強盗致死	-	-	-	-	-	-	-	-	-	-	-
強盗・強制性交等致死	-	-	-	-	-	-	-	-	-	-	-
強盗・強制性交等	-	-	-	-	-	-	-	-	-	-	-
強制性交等致死	-	-	-	-	-	-	-	-	-	-	-
強制性交等	1	-	-	-	-	-	-	1	-	-	-
集団強姦致死	-	-	-	-	-	-	-	-	-	-	-
集団強姦	-	-	-	-	-	-	-	-	-	-	-
わいせつ	13	-	1	3	-	-	1	2	1	1	4
賭博	-	-	-	-	-	-	-	-	-	-	-
住居侵入	13	-	1	-	-	-	3	3	3	1	2
放火	4	-	-	-	-	-	-	-	4	-	-
失火	-	-	-	-	-	-	-	-	-	-	-
過失致死傷	2	-	-	1	-	-	-	-	-	-	1
業務上（重）過失致死傷	-	-	-	-	-	-	-	-	-	-	-
往来妨害	-	-	-	-	-	-	-	-	-	-	-
器物損壊等	12	-	1	-	-	-	1	2	2	1	5
公務執行妨害	6	-	-	1	-	1	-	1	3	-	-
その他	10	-	-	1	-	-	2	3	-	1	3
特別法犯総数	**140**	**5**	**21**	**5**	**1**	**5**	**21**	**18**	**22**	**4**	**38**
暴力行為等処罰ニ関スル法律	9	-	-	1	-	-	3	2	1	-	2
道路運送車両法	-	-	-	-	-	-	-	-	-	-	-
銃砲刀剣類所持等取締法	6	-	-	-	-	-	-	1	1	-	4
軽犯罪法	5	-	-	1	-	-	2	-	1	-	1
売春防止法	1	-	-	-	-	-	-	1	-	-	-
風俗営業等の規制及び業務の適正化等に関する法律等	1	-	-	-	-	-	1	-	-	-	-
麻薬及び向精神薬取締法等	25	3	3	-	-	-	1	3	5	2	8
覚せい剤取締法	21	1	1	-	-	1	1	4	6	1	6
出入国管理及び難民認定法	30	-	11	-	-	4	5	2	1	-	7
毒物及び劇物取締法	-	-	-	-	-	-	-	-	-	-	-
その他	42	1	6	3	1	-	8	5	7	1	10
ぐ犯	**3**	**-**	**-**	**-**	**-**	**-**	**-**	**2**	**1**	**-**	**-**

1）　次に掲げる国籍を有するものを一括したもので，119 人の内訳はそれぞれ（　）書きのとおりである。
アルゼンチン（5 人），インド（2 人），ウクライナ（2 人），ウズベキスタン（2 人），オーストラリア（3 人），オランダ（1 人），スリランカ（5 人），台湾（4 人），タジキスタン（1 人），チェコ（1 人），チュニジア（1 人），ドイツ（2 人），ドミニカ（3 人），トルコ（8 人），ナイジェリア（3 人），ニュージーランド（1 人），ネパール（11 人），パキスタン（3 人），パラグアイ（1 人），バングラデシュ（5 人），フランス（3 人），ポーランド（1 人），ボリビア（4 人），マレーシア（5 人），ミャンマー（1 人），メキシコ（1 人），モロッコ（3 人），モンゴル（7 人），ラオス（2 人），ルーマニア（1 人），レバノン（1 人），ロシア（6 人），二重国籍（20 人）

第37表　一般保護事件の終局人員のうち前処分

非行	終局 総数	検察官へ送致（刑事処分相当）	保護処分 総数	保護観察	児童自立支援施設又は児童養護施設へ送致	少年院へ送致 総数	第1種	第2種	第3種
総数	**5 888**	**62**	**3 192**	**2 089**	**6**	**1 097**	**1 039**	**30**	**28**
刑法犯総数	**5 011**	**43**	**2 727**	**1 767**	**4**	**956**	**910**	**30**	**16**
窃盗	2 619	12	1 285	907	3	375	355	11	9
強盗	41	1	30	6	-	24	23	1	-
詐欺	326	7	213	94	-	119	118	1	-
恐喝	158	3	124	60	-	64	58	3	3
横領	4	-	1	1	-	-	-	-	-
遺失物等横領	231	1	42	39	-	3	3	-	-
盗品譲受け等	55	-	16	14	-	2	2	-	-
傷害	801	8	625	394	1	230	222	5	3
傷害致死	-	-	-	-	-	-	-	-	-
暴行	214	-	100	74	-	26	24	1	1
脅迫	32	-	26	18	-	8	8	-	-
殺人（死亡させた罪）	-	-	-	-	-	-	-	-	-
殺人（その他）	-	-	-	-	-	-	-	-	-
強盗致傷	33	2	31	8	-	23	20	3	-
強盗致死	-	-	-	-	-	-	-	-	-
強盗・強制性交等致死	-	-	-	-	-	-	-	-	-
強盗・強制性交等	2	1	-	-	-	-	-	-	-
強制性交等致死	-	-	-	-	-	-	-	-	-
強制性交等	18	1	15	4	-	11	10	1	-
集団強姦致死	-	-	-	-	-	-	-	-	-
集団強姦	-	-	-	-	-	-	-	-	-
わいせつ	58	-	38	23	-	15	15	-	-
賭博	-	-	-	-	-	-	-	-	-
住居侵入	125	-	44	34	-	10	9	1	-
放火	5	-	4	1	-	3	3	-	-
失火	-	-	-	-	-	-	-	-	-
過失致死傷	8	-	3	3	-	-	-	-	-
業務上（重）過失致死傷	1	-	-	-	-	-	-	-	-
往来妨害	1	-	1	1	-	-	-	-	-
器物損壊等	126	-	42	27	-	15	15	-	-
公務執行妨害	40	-	20	15	-	5	5	-	-
その他	113	7	67	44	-	23	20	3	-
特別法犯総数	**834**	**19**	**431**	**313**	**-**	**118**	**111**	**-**	**7**
暴力行為等処罰ニ関スル法律	29	-	17	15	-	2	2	-	-
道路運送車両法	30	3	16	15	-	1	1	-	-
銃砲刀剣類所持等取締法	27	-	7	6	-	1	1	-	-
軽犯罪法	140	-	35	34	-	1	1	-	-
売春防止法	1	-	-	-	-	-	-	-	-
風俗営業等の規制及び業務の適正化等に関する法律等	9	-	5	5	-	-	-	-	-
麻薬及び向精神薬取締法等	216	1	183	113	-	70	67	-	3
覚せい剤取締法	34	2	29	6	-	23	19	-	4
出入国管理及び難民認定法	2	-	-	-	-	-	-	-	-
毒物及び劇物取締法	1	-	1	1	-	-	-	-	-
その他	345	13	138	118	-	20	20	-	-
ぐ犯	**43**	**-**	**34**	**9**	**2**	**23**	**18**	**-**	**5**

1）　第19表脚注2）参照

のあった人員—終局決定別非行別—全家庭裁判所1)

決定										
知事又は児童相談所長へ送致			不処分			審判不開始				
総数	強制	非強制	総数	保護的措置	別件保護中	総数	保護的措置	別件保護中	事案軽微	
6	**2**	**4**	**1 033**	**653**	**380**	**1 595**	**662**	**925**	**8**	**総**
4	**-**	**4**	**871**	**542**	**329**	**1 366**	**536**	**825**	**5**	**刑**
1	-	1	466	299	167	855	315	538	2	窃
-	-	-	3	-	3	7	1	6	-	
-	-	-	22	4	18	84	6	77	1	
1	-	1	13	4	9	17	1	16	-	
-	-	-	1	-	1	2	1	1	-	
-	-	-	67	53	14	121	90	30	1	
-	-	-	17	14	3	22	9	13	-	盗
1	-	1	105	62	43	62	14	48	-	
-	-	-	-	-	-	-	-	-	-	
-	-	-	67	41	26	47	27	19	1	
-	-	-	6	4	2	-	-	-	-	
-	-	-	-	-	-	-	-	-	-	殺
-	-	-	-	-	-	-	-	-	-	
-	-	-	-	-	-	-	-	-	-	
-	-	-	-	-	-	-	-	-	-	
-	-	-	-	-	-	-	-	-	-	
1	-	1	-	-	-	-	-	-	-	
-	-	-	-	-	-	-	-	-	-	
-	-	-	1	1	-	1	-	1	-	
-	-	-	-	-	-	-	-	-	-	
-	-	-	-	-	-	-	-	-	-	
-	-	-	6	4	2	14	7	7	-	わ
-	-	-	-	-	-	-	-	-	-	
-	-	-	35	25	10	46	23	23	-	
-	-	-	-	-	-	1	-	1	-	
-	-	-	-	-	-	-	-	-	-	
-	-	-	1	1	-	4	3	1	-	
-	-	-	-	-	-	1	1	-	-	業
-	-	-	-	-	-	-	-	-	-	
-	-	-	33	17	16	51	20	31	-	
-	-	-	12	7	5	8	5	3	-	
-	-	-	16	6	10	23	13	10	-	
-	**-**	**-**	**158**	**109**	**49**	**226**	**126**	**97**	**3**	**特**
-	-	-	9	8	1	3	1	2	-	
-	-	-	3	1	2	8	5	3	-	
-	-	-	7	4	3	13	9	4	-	
-	-	-	45	35	10	60	41	18	1	軽
-	-	-	1	1	-	-	-	-	-	
-	-	-	1	-	1	3	2	1	-	
-	-	-	7	1	6	25	1	24	-	
-	-	-	-	-	-	3	-	3	-	覚
-	-	-	1	-	1	1	-	1	-	
-	-	-	-	-	-	-	-	-	-	
-	-	-	84	59	25	110	67	41	2	
2	**2**	**-**	**4**	**2**	**2**	**3**	**-**	**3**	**-**	**ぐ**

第 38 表　一般保護事件の終局人員―非行別

本表には，行為時年齢が 14 歳未満，

行為時年齢	総数	刑法																			
		総数	窃盗	強盗	詐欺	恐喝	横領	遺失物等横領	盗品譲受け等	傷害	傷害致死	暴行	脅迫	殺人 死亡させた罪	殺人 その他	強盗致傷	強盗致死	強盗・強制性交等致死	強盗・強制性交等	強制性交等致死	強制性交等
総数	18 860	15 234	7 957	66	678	337	11	790	255	2 057	3	668	135	7	9	72	-	-	2	-	87
前処分なし	12 977	10 226	5 339	25	352	179	7	559	200	1 256	3	454	103	7	9	39	-	-	-	-	69
前処分あり 1)	5 883	5 008	2 618	41	326	158	4	231	55	801	-	214	32	-	-	33	-	-	2	-	18
14 歳 総数	2 065	1 768	967	3	22	8	-	58	31	258	-	99	9	1	2	1	-	-	-	-	17
前処分なし	1 869	1 585	852	2	17	6	-	50	29	234	-	94	8	1	2	1	-	-	-	-	17
前処分あり	196	183	115	1	5	2	-	8	2	24	-	5	1	-	-	-	-	-	-	-	-
15 歳 総数	2 986	2 532	1 481	1	36	32	-	119	63	307	-	119	16	2	-	4	-	-	2	-	8
前処分なし	2 300	1 913	1 101	1	25	25	-	91	51	225	-	85	14	2	-	4	-	-	-	-	7
前処分あり	686	619	380	-	11	7	-	28	12	82	-	34	2	-	-	-	-	-	2	-	1
16 歳 総数	4 013	3 461	1 986	12	117	76	-	190	65	418	1	105	18	2	2	23	-	-	-	-	19
前処分なし	2 755	2 308	1 330	7	58	42	-	130	47	250	1	69	14	2	2	14	-	-	-	-	13
前処分あり	1 258	1 153	656	5	59	34	-	60	18	168	-	36	4	-	-	9	-	-	-	-	6
17 歳 総数	3 606	2 950	1 451	11	187	97	5	159	46	420	1	113	25	-	2	14	-	-	-	-	25
前処分なし	2 346	1 866	917	4	98	43	2	107	34	235	1	76	20	-	2	8	-	-	-	-	21
前処分あり	1 260	1 084	534	7	89	54	3	52	12	185	-	37	5	-	-	6	-	-	-	-	4
18 歳 総数	3 320	2 510	1 169	29	170	81	3	127	32	354	-	122	34	1	2	17	-	-	-	-	11
前処分なし	1 963	1 412	628	7	83	46	2	87	23	168	-	75	26	1	2	4	-	-	-	-	8
前処分あり	1 357	1 098	541	22	87	35	1	40	9	186	-	47	8	-	-	13	-	-	-	-	3
19 歳 総数	2 870	2 013	903	10	146	43	3	137	18	300	1	110	33	1	1	13	-	-	-	-	7
前処分なし	1 744	1 142	511	4	71	17	3	94	16	144	1	55	21	1	1	8	-	-	-	-	3
前処分あり	1 126	871	392	6	75	26	-	43	2	156	-	55	12	-	-	5	-	-	-	-	4

1）第 19 表脚注 2）参照

前処分の有無及び行為時年齢別—全家庭裁判所

20 歳以上の者及び不詳の者は含まれていない。

犯													特別法犯												ぐ犯
集団強姦致死	集団強姦	わいせつ	賭博	住居侵入	放火	失火	過失致死傷	業務上（重）過失致死傷	往来妨害	器物損壊等	公務執行妨害	その他	総数	暴力行為等処罰ニ関スル法律	道路運送車両法	銃砲刀剣類所持等取締法	軽犯罪法	売春防止法	風俗営業等の規制及び業務の適正化等に関する法律等	麻薬及び向精神薬取締法等	覚せい剤取締法	出入国管理及び難民認定法	毒物及び劇物取締法	その他	
-	-	556	4	580	26	1	88	15	6	374	71	379	3 487	95	86	153	496	19	37	414	79	7	1	2 100	139
-	-	499	4	455	21	1	80	14	5	249	31	266	2 653	66	56	126	356	18	28	198	45	5	-	1 755	98
-	-	57	-	125	5	-	8	1	1	125	40	113	834	29	30	27	140	1	9	216	34	2	1	345	41
-	-	99	-	94	10	-	3	-	2	57	2	25	270	11	1	14	76	2	-	-	1	-	-	165	27
-	-	98	-	82	10	-	3	-	2	51	2	24	258	10	1	12	71	2	-	-	1	-	-	161	26
-	-	1	-	12	-	-	-	-	-	6	-	1	12	1	-	2	5	-	-	-	-	-	-	4	1
-	-	115	-	102	2	-	20	4	1	66	7	25	422	18	1	21	124	1	3	16	2	-	-	236	32
-	-	106	-	81	2	-	19	4	1	45	4	20	360	16	-	18	94	1	3	9	1	-	-	218	27
-	-	9	-	21	-	-	1	-	-	21	3	5	62	2	1	3	30	-	-	7	1	-	-	18	5
-	-	106	-	141	5	-	19	4	-	74	11	67	527	26	22	26	82	3	4	37	7	-	-	320	25
-	-	96	-	109	3	-	18	4	-	47	6	46	430	18	15	24	57	3	4	19	4	-	-	286	17
-	-	10	-	32	2	-	1	-	-	27	5	21	97	8	7	2	25	-	-	18	3	-	-	34	8
-	-	110	1	103	3	-	10	2	3	62	17	83	633	17	32	29	105	9	4	73	16	1	1	346	23
-	-	94	1	80	3	-	10	1	2	41	6	60	466	9	20	24	64	9	4	42	9	-	-	285	14
-	-	16	-	23	-	-	-	1	1	21	11	23	167	8	12	5	41	-	-	31	7	1	1	61	9
-	-	68	-	85	3	-	21	2	-	59	22	98	793	10	16	28	70	2	9	120	23	4	-	511	17
-	-	60	-	63	1	-	17	2	-	35	8	66	543	5	11	19	41	1	7	48	13	3	-	395	8
-	-	8	-	22	2	-	4	-	-	24	14	32	250	5	5	9	29	1	2	72	10	1	-	116	9
-	-	58	3	55	3	1	15	3	-	56	12	81	842	13	14	35	39	2	17	168	30	2	-	522	15
-	-	45	3	40	2	1	13	3	-	30	5	50	596	8	9	29	29	2	10	80	17	2	-	410	6
-	-	13	-	15	1	-	2	-	-	26	7	31	246	5	5	6	10	-	7	88	13	-	-	112	9

第 39 表　一般保護事件の終局人員—教育程度別非行別—全家庭裁判所

非行	総数	小・中学 在学	小・中学 卒業	高校 在学	高校 中退	高校 卒業	大学 在学	大学 中退	その他	不詳
総数	**19 024**	**3 163**	**2 067**	**7 226**	**3 676**	**1 888**	**878**	**74**	**38**	**14**
刑法犯総数	**15 367**	**2 678**	**1 729**	**5 919**	**3 047**	**1 290**	**610**	**54**	**31**	**9**
窃盗	7 988	1 425	788	3 346	1 508	613	265	26	14	3
強盗	66	3	16	20	20	4	3	-	-	-
詐欺	679	33	96	206	228	86	26	3	-	1
恐喝	338	17	59	106	118	33	5	-	-	-
横領	11	-	2	-	5	3	1	-	-	-
遺失物等横領	790	91	59	365	107	80	82	5	1	-
盗品譲受け等	255	48	17	124	33	18	12	-	2	1
傷害	2 076	391	351	606	529	147	45	4	2	1
傷害致死	3	-	1	1	1	-	-	-	-	-
暴行	670	144	88	204	144	61	22	6	1	-
脅迫	135	16	13	53	26	17	9	1	-	-
殺人（死亡させた罪）	7	3	1	1	-	1	1	-	-	-
殺人（その他）	12	5	-	4	2	-	-	-	1	-
強盗致傷	72	2	13	13	34	7	3	-	-	-
強盗致死	-	-	-	-	-	-	-	-	-	-
強盗・強制性交等致死	-	-	-	-	-	-	-	-	-	-
強盗・強制性交等	2	1	1	-	-	-	-	-	-	-
強制性交等致死	-	-	-	-	-	-	-	-	-	-
強制性交等	117	51	9	39	11	3	4	-	-	-
集団強姦致死	-	-	-	-	-	-	-	-	-	-
集団強姦	-	-	-	-	-	-	-	-	-	-
わいせつ	585	166	20	275	27	47	49	-	-	1
賭博	4	-	-	1	-	-	3	-	-	-
住居侵入	580	133	51	236	72	54	28	3	2	1
放火	35	21	2	5	5	1	1	-	-	-
失火	1	-	-	-	-	1	-	-	-	-
過失致死傷	88	5	6	53	1	9	10	-	3	1
業務上（重）過失致死傷	15	1	-	8	2	3	1	-	-	-
往来妨害	8	4	-	3	1	-	-	-	-	-
器物損壊等	378	82	62	120	68	31	11	4	-	-
公務執行妨害	71	3	26	9	25	6	-	1	1	-
その他	381	33	48	121	80	65	29	1	4	-
特別法犯総数	**3 493**	**411**	**314**	**1 278**	**599**	**591**	**268**	**20**	**7**	**5**
暴力行為等処罰ニ関スル法律	96	22	14	29	22	5	3	-	1	-
道路運送車両法	86	2	12	26	32	9	4	-	-	1
銃砲刀剣類所持等取締法	153	21	16	65	18	21	10	1	1	-
軽犯罪法	496	118	51	206	68	37	14	1	1	-
売春防止法	19	2	-	8	5	4	-	-	-	-
風俗営業等の規制及び業務の適正化等に関する法律等	37	-	5	10	10	8	3	-	-	1
麻薬及び向精神薬取締法等	414	6	62	94	150	73	23	4	2	-
覚せい剤取締法	81	4	26	8	29	9	2	-	1	2
出入国管理及び難民認定法	7	-	1	1	3	2	-	-	-	-
毒物及び劇物取締法	1	-	-	-	1	-	-	-	-	-
その他	2 103	236	127	831	261	423	209	14	1	1
ぐ犯	**164**	**74**	**24**	**29**	**30**	**7**	**-**	**-**	**-**	**-**

第40表　一般保護事件の終局人員―教育程度別終局決定別―全家庭裁判所

終局決定	総数	小・中学 在学	小・中学 卒業	高校 在学	高校 中退	高校 卒業	大学 在学	大学 中退	その他	不詳
総数	19 024	3 163	2 067	7 226	3 676	1 888	878	74	38	14
検察官へ送致	99	-	36	5	26	21	7	1	-	3
（刑事処分相当）										
保護処分	7 638	1 096	1 115	2 334	2 122	693	230	27	17	4
保護観察	5 902	830	700	2 016	1 513	585	217	24	15	2
児童自立支援施設又は児童養護施設へ送致	137	129	3	2	3	-	-	-	-	-
少年院へ送致	1 599	137	412	316	606	108	13	3	2	2
第1種	1 524	129	380	309	581	105	13	3	2	2
第2種	31	-	19	-	11	1	-	-	-	-
第3種	44	8	13	7	14	2	-	-	-	-
知事又は児童相談所長へ送致	115	92	7	10	6	-	-	-	-	-
強制	13	9	2	2	-	-	-	-	-	-
非強制	102	83	5	8	6	-	-	-	-	-
不処分	3 993	732	359	1 642	619	418	195	18	6	4
保護的措置	3 573	686	260	1 543	466	399	192	17	6	4
別件保護中	420	46	99	99	153	19	3	1	-	-
審判不開始	7 179	1 243	550	3 235	903	756	446	28	15	3
保護的措置	5 967	1 105	279	2 898	553	685	407	24	14	2
別件保護中	1 093	127	266	293	340	49	14	3	1	-
事案軽微	119	11	5	44	10	22	25	1	-	1

第41表　一般保護事件の終局総人員

家庭裁判所	総数	刑法																					
		総数	窃盗	強盗	詐欺	恐喝	横領	遺失物等横領	盗品譲受け等	傷害	傷害致死	暴行	脅迫	殺人 死亡させた罪	殺人 その他	強盗致傷	強盗致死	強盗・強制性交等致死	強盗・強制性交等	強制性交等致死	強制性交等	集団強姦致死	集団強姦
全国総数	**19 589**	**15 764**	**8 152**	**71**	**714**	**343**	**11**	**818**	**257**	**2 137**	**3**	**690**	**138**	**8**	**12**	**76**	**-**	**-**	**2**	**-**	**121**	**-**	**-**
東京高裁管内総数	**7 661**	**6 196**	**3 211**	**34**	**338**	**143**	**5**	**343**	**92**	**854**	**1**	**230**	**52**	**6**	**1**	**40**	**-**	**-**	**1**	**-**	**38**	**-**	**-**
東京	1 992	1 645	805	9	124	25	-	110	34	230	1	70	14	-	-	13	-	-	-	-	9	-	-
横浜	1 599	1 262	663	11	52	43	4	63	25	150	-	42	8	2	-	15	-	-	-	-	11	-	-
さいたま	1 191	987	527	1	58	16	-	68	6	132	-	43	10	4	-	6	-	-	-	-	2	-	-
千葉	972	787	415	2	53	8	-	54	10	116	-	21	6	-	-	4	-	-	-	-	6	-	-
水戸	315	249	142	7	7	4	-	3	1	34	-	12	2	-	1	-	-	-	-	-	1	-	-
宇都宮	272	212	118	-	8	12	1	5	-	20	-	7	-	-	-	-	-	-	-	-	1	-	-
前橋	270	228	93	1	13	13	-	6	-	50	-	7	2	-	-	-	-	-	1	-	3	-	-
静岡	479	379	201	2	9	13	-	10	10	68	-	17	4	-	-	1	-	-	-	-	3	-	-
甲府	102	85	47	-	3	3	-	1	1	15	-	1	2	-	-	1	-	-	-	-	-	-	-
長野	212	162	93	1	7	2	-	10	4	19	-	2	-	-	-	-	-	-	-	-	1	-	-
新潟	257	200	107	-	4	4	-	13	1	20	-	8	4	-	-	-	-	-	-	-	1	-	-
大阪高裁管内総数	**4 098**	**3 291**	**1 647**	**19**	**155**	**57**	**2**	**181**	**55**	**439**	**2**	**171**	**29**	**1**	**2**	**24**	**-**	**-**	**-**	**-**	**26**	**-**	**-**
大阪	2 126	1 711	852	14	108	32	2	108	33	243	2	69	11	-	-	11	-	-	-	-	10	-	-
京都	371	288	141	1	13	5	-	15	4	46	-	9	2	-	1	4	-	-	-	-	3	-	-
神戸	983	795	406	3	25	13	-	42	11	88	-	64	11	-	-	5	-	-	-	-	10	-	-
奈良	216	187	99	-	4	4	-	5	4	16	-	7	2	-	1	-	-	-	-	-	-	-	-
大津	229	194	97	1	-	3	-	5	-	24	-	13	2	1	-	4	-	-	-	-	3	-	-
和歌山	173	116	52	-	5	-	-	6	3	22	-	9	1	-	-	-	-	-	-	-	-	-	-
名古屋高裁管内総数	**2 204**	**1 766**	**951**	**5**	**76**	**46**	**-**	**83**	**33**	**203**	**-**	**69**	**11**	**-**	**1**	**4**	**-**	**-**	**-**	**-**	**18**	**-**	**-**
名古屋	1 422	1 141	604	4	63	34	-	57	22	125	-	43	9	-	-	4	-	-	-	-	14	-	-
津	211	164	92	1	5	1	-	4	4	20	-	5	2	-	-	-	-	-	-	-	-	-	-
岐阜	230	193	122	-	2	4	-	7	1	20	-	13	-	-	-	-	-	-	-	-	2	-	-
福井	83	69	27	-	1	-	-	4	1	10	-	6	-	-	-	-	-	-	-	-	1	-	-
金沢	99	64	34	-	2	4	-	4	-	5	-	1	-	-	-	-	-	-	-	-	-	-	-
富山	159	135	72	-	3	3	-	7	5	23	-	1	-	-	1	-	-	-	-	-	1	-	-
広島高裁管内総数	**1 231**	**969**	**471**	**1**	**24**	**28**	**3**	**40**	**15**	**147**	**-**	**54**	**12**	**-**	**2**	**1**	**-**	**-**	**-**	**-**	**15**	**-**	**-**
広島	518	405	226	-	11	9	-	25	8	35	-	23	9	-	-	-	-	-	-	-	8	-	-
山口	209	160	63	-	6	12	1	2	-	25	-	9	2	-	-	-	-	-	-	-	3	-	-
岡山	363	284	125	1	2	5	2	9	5	63	-	18	1	-	1	1	-	-	-	-	4	-	-
鳥取	62	56	23	-	1	2	-	3	-	13	-	2	-	-	1	-	-	-	-	-	-	-	-
松江	79	64	34	-	4	-	-	1	2	11	-	2	-	-	-	-	-	-	-	-	-	-	-
福岡高裁管内総数	**2 370**	**1 919**	**1 030**	**5**	**67**	**39**	**-**	**102**	**34**	**253**	**-**	**83**	**17**	**1**	**3**	**3**	**-**	**-**	**1**	**-**	**16**	**-**	**-**
福岡	1 066	892	451	2	35	19	-	77	9	129	-	39	7	-	-	3	-	-	1	-	7	-	-
佐賀	87	68	37	-	1	-	-	1	5	9	-	1	1	-	-	-	-	-	-	-	2	-	-
長崎	132	94	50	1	2	-	-	4	-	13	-	12	1	-	-	-	-	-	-	-	-	-	-
大分	127	97	55	-	-	3	-	-	2	19	-	-	1	-	-	-	-	-	-	-	1	-	-
熊本	246	192	91	2	6	11	-	9	3	24	-	14	2	-	-	-	-	-	-	-	1	-	-
鹿児島	174	136	80	-	2	1	-	6	3	13	-	6	2	-	-	-	-	-	-	-	2	-	-
宮崎	107	85	51	-	1	2	-	1	-	15	-	2	1	1	-	-	-	-	-	-	-	-	-
那覇	431	355	215	-	20	3	-	4	12	31	-	9	2	-	3	-	-	-	-	-	3	-	-
仙台高裁管内総数	**759**	**592**	**312**	**1**	**18**	**15**	**-**	**32**	**8**	**68**	**-**	**37**	**8**	**-**	**1**	**2**	**-**	**-**	**-**	**-**	**4**	**-**	**-**
仙台	237	199	121	-	5	2	-	9	1	16	-	9	3	-	1	2	-	-	-	-	-	-	-
福島	191	131	50	-	10	3	-	16	4	18	-	7	2	-	-	-	-	-	-	-	2	-	-
山形	100	84	35	-	1	4	-	2	1	14	-	16	-	-	-	-	-	-	-	-	1	-	-
盛岡	78	59	28	-	1	6	-	2	2	8	-	3	1	-	-	-	-	-	-	-	-	-	-
秋田	70	53	33	-	-	-	-	2	-	8	-	1	1	-	-	-	-	-	-	-	-	-	-
青森	83	66	45	1	1	-	-	1	-	4	-	1	1	-	-	-	-	-	-	-	1	-	-
札幌高裁管内総数	**656**	**536**	**279**	**2**	**22**	**5**	**-**	**18**	**10**	**87**	**-**	**24**	**6**	**-**	**-**	**2**	**-**	**-**	**-**	**-**	**1**	**-**	**-**
札幌	455	372	201	-	20	-	-	15	8	59	-	14	4	-	-	2	-	-	-	-	-	-	-
函館	51	38	23	-	-	1	-	3	-	5	-	1	1	-	-	-	-	-	-	-	-	-	-
旭川	69	59	28	2	-	4	-	-	2	12	-	4	-	-	-	-	-	-	-	-	1	-	-
釧路	81	67	27	-	2	-	-	-	-	11	-	5	1	-	-	-	-	-	-	-	-	-	-
高松高裁管内総数	**610**	**495**	**251**	**4**	**14**	**10**	**1**	**19**	**10**	**86**	**-**	**22**	**3**	**-**	**2**	**-**	**-**	**-**	**-**	**-**	**3**	**-**	**-**
高松	200	150	72	3	2	2	1	1	1	30	-	12	1	-	-	-	-	-	-	-	1	-	-
徳島	84	70	39	1	2	6	-	1	-	9	-	1	1	-	1	-	-	-	-	-	1	-	-
高知	95	86	51	-	-	-	-	7	6	9	-	-	-	-	-	-	-	-	-	-	1	-	-
松山	231	189	89	-	10	2	-	10	3	38	-	9	1	-	1	-	-	-	-	-	-	-	-

—非行別—家庭裁判所別

犯											特 別 法 犯												ぐ	
わいせつ	賭博	住居侵入	放火	失火	過失致死傷	業務上（重）過失致死傷	往来妨害	器物損壊等	公務執行妨害	その他	総数	暴力行為等処罰ニ関スル法律	道路運送車両法	銃砲刀剣類所持等取締法	軽犯罪法	売春防止法	風俗営業等の規制及び業務の適正化等に関する法律	麻薬及び向精神薬取締法	覚せい剤取締法	出入国管理及び難民認定法	毒物及び劇物取締法	その他	犯	
597	4	588	35	1	93	15	9	392	74	403	3 643	100	91	165	500	20	40	438	89	30	1	2 169	182	全
247	-	224	8	1	34	7	4	129	25	128	1 388	38	27	66	128	12	5	170	48	22	1	871	77	東
70	-	54	2	-	6	1	-	28	4	36	326	16	3	20	14	3	1	54	9	11	-	195	21	
65	-	49	1	-	6	2	-	23	3	24	324	6	1	13	29	6	1	57	11	1	-	199	13	
41	-	31	2	1	7	1	-	14	4	13	191	6	4	10	15	1	-	13	2	3	-	137	13	
19	-	25	2	-	4	1	2	26	2	11	172	2	5	8	19	1	-	7	8	1	1	120	13	
10	-	11	-	-	1	-	-	8	1	4	65	1	1	1	3	-	-	10	7	2	-	40	1	
6	-	13	-	-	4	-	-	10	3	4	58	3	4	4	2	1	2	2	3	-	-	37	2	
8	-	4	-	-	2	2	-	4	2	17	40	-	-	2	4	-	-	3	1	3	-	27	2	
14	-	11	-	-	1	-	2	4	2	7	96	1	6	4	14	-	1	11	5	1	-	53	4	
1	-	3	1	-	-	-	-	3	2	1	16	2	-	-	3	-	-	4	1	-	-	6	1	
1	-	11	-	-	1	-	-	4	1	5	49	-	1	2	16	-	-	-	-	-	-	30	1	
12	-	12	-	-	2	-	-	5	1	6	51	1	2	2	9	-	-	9	1	-	-	27	6	
125	1	99	8	-	30	7	3	94	13	101	765	24	20	34	131	-	19	124	14	1	-	398	42	大
70	-	36	5	-	8	3	2	41	3	48	389	6	8	18	67	-	17	70	9	1	-	193	26	
9	-	9	1	-	4	2	-	10	2	7	81	7	1	2	8	-	2	10	-	-	-	51	2	
30	1	32	1	-	10	-	-	21	3	19	176	11	3	12	35	-	-	36	1	-	-	78	12	
11	-	11	1	-	1	-	1	5	5	10	29	-	4	-	2	-	-	-	-	-	-	23	-	
2	-	6	-	-	7	2	-	10	-	14	35	-	1	1	3	-	-	5	1	-	-	24	-	
3	-	5	-	-	-	-	-	7	-	3	55	-	3	1	16	-	-	3	3	-	-	29	2	
60	2	71	8	-	5	-	1	52	16	51	425	18	10	20	58	1	2	49	14	4	-	249	13	名
40	-	47	6	-	2	-	-	29	9	29	273	18	7	17	41	-	2	30	10	4	-	144	8	
5	-	5	1	-	-	-	-	6	4	9	46	-	2	2	5	-	-	5	1	-	-	31	1	
6	-	4	-	-	1	-	1	4	2	4	35	-	1	1	2	1	-	4	3	-	-	23	2	
7	-	7	-	-	-	-	-	3	-	2	13	-	-	-	1	-	-	2	-	-	-	10	1	
-	2	4	-	-	2	-	-	4	1	1	35	-	-	-	6	-	-	3	-	-	-	26	-	
2	-	4	1	-	-	-	-	6	-	6	23	-	-	-	3	-	-	5	-	-	-	15	1	
29	-	50	3	-	4	-	1	38	3	28	259	4	6	11	78	1	1	13	2	1	-	142	3	広
11	-	17	-	-	2	-	1	12	1	7	113	2	3	5	34	-	-	8	2	-	-	59	-	
6	-	17	3	-	1	-	-	6	-	4	48	-	-	2	26	-	-	1	-	-	-	19	1	
8	-	12	-	-	-	-	-	12	1	14	78	1	3	4	15	-	-	4	-	1	-	50	1	
2	-	2	-	-	1	-	-	2	1	3	5	-	-	-	1	1	-	-	-	-	-	3	1	
2	-	2	-	-	-	-	-	6	-	-	15	1	-	-	2	-	1	-	-	-	-	11	-	
79	1	80	2	-	5	-	-	38	9	51	430	13	17	17	64	1	10	55	9	2	-	242	21	福
32	1	29	2	-	2	-	-	19	3	25	167	9	8	5	39	-	4	20	2	1	-	79	7	
3	-	6	-	-	-	-	-	-	-	2	18	-	-	2	2	-	-	2	-	-	-	12	1	
5	-	-	-	-	-	-	-	2	1	3	35	1	1	3	8	-	-	3	-	-	-	19	3	
6	-	4	-	-	1	-	-	2	-	3	29	-	2	-	2	-	-	3	1	-	-	21	1	
7	-	13	-	-	-	-	-	2	2	5	54	3	-	1	5	-	2	3	4	1	-	35	-	
12	-	4	-	-	-	-	-	1	-	4	36	-	2	2	2	-	-	2	1	-	-	27	2	
2	-	4	-	-	2	-	-	2	-	1	22	-	-	-	4	-	1	4	-	-	-	13	-	
12	-	20	-	-	-	-	-	10	3	8	69	-	4	4	2	1	3	18	1	-	-	36	7	
26	-	28	2	-	5	-	-	11	4	10	153	2	5	9	13	-	-	9	1	-	-	114	14	仙
8	-	11	-	-	1	-	-	4	2	4	35	1	-	5	5	-	-	2	1	-	-	21	3	
8	-	3	-	-	2	-	-	3	1	2	56	1	3	2	2	-	-	1	-	-	-	47	4	
-	-	5	-	-	2	-	-	1	-	2	16	-	1	1	5	-	-	-	-	-	-	9	-	
2	-	5	-	-	-	-	-	-	1	-	18	-	1	1	-	-	-	4	-	-	-	12	1	
1	-	3	1	-	-	-	-	2	-	1	12	-	-	-	-	-	-	1	-	-	-	11	5	
7	-	1	1	-	-	-	-	1	-	1	16	-	-	-	1	-	-	1	-	-	-	14	1	
22	-	13	3	-	4	-	-	21	1	16	108	1	-	2	3	5	2	11	1	-	-	83	12	札
15	-	8	2	-	1	-	-	14	1	8	75	-	-	2	2	5	2	3	1	-	-	60	8	
-	-	3	-	-	-	-	-	-	-	1	11	-	-	-	-	-	-	5	-	-	-	6	2	
2	-	1	-	-	2	-	-	1	-	-	9	1	-	-	1	-	-	2	-	-	-	5	1	
5	-	1	1	-	1	-	-	6	-	7	13	-	-	-	-	-	-	1	-	-	-	12	1	
9	-	23	1	-	6	1	-	9	3	18	115	-	6	6	25	-	1	7	-	-	-	70	-	高
2	-	10	1	-	2	1	-	1	1	6	50	-	4	2	9	-	-	2	-	-	-	33	-	
4	-	3	-	-	-	-	-	-	-	1	14	-	1	-	-	-	-	-	-	-	-	13	-	
-	-	4	-	-	4	-	-	3	-	1	9	-	-	3	1	-	-	2	-	-	-	3	-	
3	-	6	-	-	-	-	-	5	2	10	42	-	1	1	15	-	1	3	-	-	-	21	-	

非行名分類表

刑法犯

非行分類区分	刑法等の条項	左記非行名の区分に包含される罪の範囲
窃盗	235条 盗防2条 235条の2	窃盗 常習特殊窃盗 不動産侵奪
強盗	236条 盗防2条 237条 238条 盗防2条 239条 盗防2条	強盗 常習特殊強盗 強盗予備 事後強盗 常習特殊事後強盗 昏酔強盗 常習特殊昏酔強盗
詐欺	246条 248条 246条の2	詐欺 準詐欺 電子計算機使用詐欺
恐喝	249条	恐喝
横領	247条 252条 253条	背任 横領 業務上横領
遺失物等横領	254条	遺失物等横領
盗品譲受け等	256条	第2編第39章「盗品等に関する罪」の全部
傷害	204条 206条	傷害 現場助勢
傷害致死	205条	傷害致死
暴行	208条	暴行
脅迫	222条 223条	脅迫 強要
殺人（死亡させた罪）	199条 202条	殺人（既遂） 自殺関与及び同意殺人（既遂）
殺人（その他）	199条（203条） 201条 202条（203条）	殺人（未遂） 殺人予備 自殺関与及び同意殺人（未遂）
強盗致傷	240条前段 盗防4条	強盗致傷 常習特殊強盗致傷
強盗致死	240条後段	強盗致死
強盗・強制性交等致死	241条3項（旧241条後段）	強盗・強制性交等致死（強盗強姦致死）
強盗・強制性交等	241条1項（旧241条前段） 盗防4条（旧盗防4条）	強盗・強制性交等（強盗強姦） 常習特殊強盗・強制性交等（常習特殊強盗強姦）
強制性交等致死	181条2項（旧181条2項）	強制性交等致死，準強制性交等致死及び監護者性交等致死（強姦致死）
強制性交等	177条（旧177条） 178条2項（旧178条2項） 179条2項 181条2項（旧181条2項）	強制性交等（強姦） 準強制性交等（準強姦） 監護者性交等 強制性交等致傷，準強制性交等致傷及び監護者性交等致傷（強姦致傷）
集団強姦致死	旧181条3項	集団強姦致死
集団強姦	旧178条の2 旧181条3項	集団強姦等 集団強姦致傷
わいせつ	176条 178条1項 179条1項 181条1項 174条 175条1項 175条2項	強制わいせつ 準強制わいせつ 監護者わいせつ 強制わいせつ致死傷，準強制わいせつ致死傷及び監護者わいせつ致死傷 公然わいせつ わいせつ物頒布等 有償頒布目的わいせつ物所持等
賭博	185条～187条	第2編第23章「賭博及び富くじに関する罪」の全部
住居侵入	130条	住居侵入等
放火	108条 109条 110条 111条 113条 114条 117条1項 118条	現住建造物等放火 非現住建造物等放火 建造物等以外放火 延焼 放火予備 消火妨害 激発物破裂 ガス漏出等及び同致死傷
失火	116条 117条2項 117条の2前段 117条の2後段	失火 過失激発物破裂 業務上失火 重過失失火

非行分類区分	刑法等の条項	左記非行名の区分に包含される罪の範囲
過失致死傷	209 条 210 条	過失傷害 過失致死
過失運転致死傷	自動車運転死傷処罰法４条 自動車運転死傷処罰法５条 自動車運転死傷処罰法６条３項 自動車運転死傷処罰法６条４項	過失運転致死傷アルコール等影響発覚免脱 過失運転致死傷 無免許過失運転致死傷アルコール等影響発覚免脱 無免許過失運転致死傷
業務上（重）過失致死傷	211 条前段 211 条後段 旧 211 条２項	業務上過失致死傷 重過失致死傷 自動車運転過失致死傷
往来妨害	124 条 125 条 126 条 127 条 129 条	往来妨害及び同致死傷 往来危険 汽車転覆等及び同致死傷 往来危険による汽車転覆等 過失往来危険
器物損壊等	258 条～ 263 条	第２編第 40 章「毀棄及び隠匿の罪」の全部
公務執行妨害	95 条～ 96 条の６	第２編第５章「公務の執行を妨害する罪」の全部
危険運転致死	旧 208 条の２ 自動車運転死傷処罰法２条 自動車運転死傷処罰法３条 自動車運転死傷処罰法６条２項	危険運転致死 危険運転致死 危険運転致死 無免許危険運転致死
危険運転致傷	旧 208 条の２ 自動車運転死傷処罰法２条 自動車運転死傷処罰法３条 自動車運転死傷処罰法６条１項，２項	危険運転致傷 危険運転致傷 危険運転致傷 無免許危険運転致傷
刑法犯その他	刑法第２編に定める罪のうち上記の各項に掲げる罪を除いたもの	

注）
1）非行名には，未遂（殺人（死亡させた罪）を除く。），教唆及び幇助を含む。
2）刑法等の条項中，略語は，次のとおりである。
盗防・・・・・・・・・・・盗犯等ノ防止及処分ニ関スル法律
自動車運転死傷処罰法・・・自動車の運転により人を死傷させる行為等の処罰に関する法律
旧・・・・・・・・・・・・自動車運転死傷処罰法又は刑法の一部を改正する法律（平成２９年法律第７２号）による改正前の法律を指す。

司法統計年報　4 少年編　令和元年　　書籍番号 500214

令和2年9月25日　第1版第1刷発行

編　集　最高裁判所事務総局

発行人　門　田　友　昌

発行所　一般財団法人　法　曹　会

〒100-0013　東京都千代田区霞が関1-1-1
振替口座　00120－0－15670
電　話　03－3581－2146
http://www.hosokai.or.jp/

落丁・乱丁はお取替えいたします。　印刷製本／㈱白樺写真工芸

ISBN 978-4-86684-054-3

本誌は再生紙を使用しています。